Dr. Oetker

Studentenfutter

DIE MAXIVERSION

W0316713

WILHELM HEYNE VERLAG
MÜNCHEN

Vorwort

Satt auch ohne Mensa

Nach einem langen Tag an der Uni – endlich zu Hause und in der Küche fühlen wir uns wie Erstklässler. Der Magen knurrt, es soll schnell gehen und satt machen. Aber schon wieder Dosensuppe, Tütennudeln oder Tiefkühlpizza?

Beim Studium des Kühlschrankes dann die bittere Erkenntnis: Der Inhalt entspricht nicht dem gefühlten Loch im Bauch. Vereinzelte frische Zutaten wecken Hoffnung – doch was damit anstellen?

Dann der Geistesblitz. Studentenfutter aufschlagen!

Hier finden Sie tolle Rezepte, die aus wenigen Zutaten eine große Mahlzeit machen. Für einen oder viele, für Vegetarier oder fürs Monatsende. Ganz einfach, ganz schnell. Mal aus frischen Zutaten zubereitet, mal mit Tipps wie es mit Fertigprodukten noch schneller geht und immer lecker schmeckt.
Mit Studentenfutter beginnt die Praxis am Herd.

Ratgeber

Vorrat und Küchenausstattung

Abkürzungen:

EL = Esslöffel
TL = Teelöffel
Msp. = Messerspitze
Pck. = Packung/ Päckchen
g = Gramm
kg = Kilogramm
ml = Milliliter
l = Liter
Min. = Minuten
Std. = Stunden
evtl. = eventuell
geh. = gehäuft
gestr. = gestrichen
TK = Tiefkühlprodukt
°C = Grad Celsius
ø = Durchmesser
E = Eiweiß
F = Fett
Kh = Kohlenhydrate
kcal = Kilokalorien
kJ = Kilojoule
BE = Broteinheit

Allgemeine Hinweise zu den Rezepten

Alle Rezepte, die für 1 Person oder 1–2 Personen angegeben sind, lassen sich problemlos für Gäste vervielfachen. Die Nährwerte sind pro Person angegeben. Wenn Sie keine großen Pfannen oder Auflaufformen besitzen um größere Portionen zuzubereiten, können Sie die Gerichte auf 2 Portionen aufteilen. Oder Mutter oder der Nachbar hilft mit einer großen Form aus.

Lesen Sie vor der Zubereitung das Rezept einmal vollständig durch. Oft werden Arbeitsabläufe oder -zusammenhänge dann klarer. Die in den Rezepten angegebenen Backtemperaturen und -zeiten sind Richtwerte, die nach individueller Hitzeleistung des Backofens über- oder unterschritten werden können. Bitte beachten Sie deshalb bei der Einstellung des Backofens die Gebrauchsanweisung des Herstellers. Die Zubereitungszeit beinhaltet nur die Zeit für die eigentliche Zubereitung, lange Garzeiten sind gesondert ausgewiesen. Längere Wartezeiten, z. B. Kühl- und Auftauzeiten, sind nicht mit einbezogen.

Es empfiehlt sich, immer eine kleine Auswahl an Gemüse und Kräutern (frisch oder tiefgekühlt), sowie Nudeln und Kartoffeln im Haus zu haben. Die folgende Auflistung soll Ihnen bei der Vorratshaltung eine kleine Hilfestellung sein.

Grundausstattung

Vorrat:

Frische Produkte

(am besten im Kühlschrank aufbewahren):

- Milch und Milcherzeugnisse, z. B. Sahne oder Crème fraîche, Käse, Butter oder Margarine
- Eier
- Mayonnaise (in der Tube oder im Glas)
- Tomatenketchup
- Tomatenmark

Nährmittel

(im Vorratsschrank aufbewahren):

- Nudeln, Reis
- Kartoffeln
- Zwiebeln
- Dosen, z. B. passierte Tomaten (gibt es auch im Tetra Pak®), Pizza-Tomaten, Mais, Bohnen
- Speiseöl, z. B. Sonnenblumenöl
- Kaffee
- Weizenmehl
- Zucker
- getrocknete Hülsenfrüchte, z. B. Kichererbsen, Linsen
- getrocknete Kräuter, z. B. Rosmarin, Petersilie, Schnittlauch
- Gewürze, z. B. Salz, Pfeffer, Paprikapulver, Muskatnuss, Curry

Tiefkühlprodukte

- Gemüsemischungen, z. B. asiatisch, französisch, italienisch
- Blätterteig
- Kräuter

Küchenausstattung

- Töpfe, Pfannen und Auflaufformen in verschiedenen Größen
- Schneidebretter
- Messer, große zum Gemüse-, Brot- und Fleischschneiden, kleine Schälmesser oder einen Sparschäler
- Dosenöffner
- Handrührgerät, Pürierstab
- Küchenwaage
- verschiedene luftdicht verschließbare Kunststoffgefäße
- Rührschüssel
- Messbecher
- Geschirrtücher
- Haushaltssieb

Was man sonst noch braucht:

Gewürze

- Ingwer (frisch oder gemahlen)
- Zitronengras (frisch oder gemahlen)
- Chili (entweder eine frische Schote, als Pulver oder als Flocken)
- Knoblauch (entweder frische Knoblauchzehen oder als Pulver)
- Koriander (frisch oder Koriandersamen)
- Basilikum (frisch oder getrocknet)
- Thymian (frisch oder getrocknet)
- Majoran (frisch oder getrocknet)

Sonstiges

- Kokosmilch
- Olivenöl
- Oliven
- Sojasauce
- Sambal Oelek

Macht richtig satt
Brokkoli-Käse-Suppe

Zubereitungszeit: etwa 35 Minuten,
ohne Abkühlzeit, für 2 Personen.

Zubereitung:

1. Mandelblättchen in einer Pfanne ohne Fett goldgelb rösten und auf einem Teller erkalten lassen.

2. Vom Brokkoli Blätter entfernen, den Brokkoli in Röschen teilen, den Strunk schälen und in Stücke schneiden. Brokkoli abspülen und abtropfen lassen. Gemüsebrühe in einem Topf mit Deckel zum Kochen bringen. Brokkoli hinzufügen und 5–8 Minuten bei mittlerer Hitze garen.

3. Einige Brokkoliröschen für die Suppeneinlage mit einer Schaumkelle entnehmen und in einem Sieb abtropfen lassen. Restlichen Brokkoli zusammen mit der Brühe pürieren.

4. Schmelzkäse hinzufügen und darin unter Rühren bei schwacher Hitze schmelzen. Topf von der Kochstelle nehmen.

5. Sahne mit Eigelb verquirlen, in die Suppe rühren. Suppe nicht mehr kochen lassen. Brokkoli-Käse-Suppe mit Salz, Pfeffer und Muskat abschmecken.

6. Vor dem Servieren die restlichen Brokkoliröschen in die Suppe geben und kurz darin erwärmen. Die Suppe mit Mandelblättchen bestreut servieren.

Variante 1:

Champignon-Käse-Suppe (für 2 Personen).
Hierfür 300 g Champignons putzen, mit Küchenpapier abreiben und in Scheiben schneiden. 2 Zwiebeln abziehen und fein würfeln. 25 g Butter oder Margarine in einem Topf zerlassen, Champignonscheiben und Zwiebelwürfel darin andünsten. 500 ml (½ l) Gemüsebrühe hinzugießen, zum Kochen bringen und mit Deckel 8–10 Minuten bei mittlerer Hitze köcheln lassen. 1 Ecke (62,5 g) Schmelzkäse unterrühren, die Suppe nicht mehr kochen lassen. Suppe mit Salz, Pfeffer und nach Belieben mit 3 Esslöffeln trockenem Weißwein abschmecken. Suppe mit 1 Esslöffel gehackter Petersilie bestreut servieren. Sie können den Weißwein durch die gleiche Menge Gemüsebrühe ersetzen.

Variante 2:

Zucchini-Käse-Suppe (für 2 Personen).
250 g Zucchini abspülen, abtrocknen, die Enden abschneiden. Zucchini grob raspeln. 20 g Butter oder Margarine in einem Topf zerlassen, Zucchiniraspel darin andünsten. 1 Knoblauchzehe abziehen, durch eine Knoblauchpresse drücken und zu den Zucchiniraspeln geben. 1–1½ Esslöffel Weizenmehl darüberstäuben, unterrühren und kurz mitdünsten. Dann 400 ml Gemüsebrühe und 100 ml Weißwein hinzugießen und gut durchrühren. Dabei darauf achten, dass keine Klümpchen entstehen. Suppe zum Kochen bringen und etwa 5 Minuten kochen lassen. 40 g Gouda-Käse grob reiben, mit 100 g Schmelzkäse (z. B. mit Sahne- oder Kräutergeschmack) in die Suppe geben und unter Rühren auflösen. Die Suppe nicht mehr kochen lassen. ½ Bund Dill abspülen, trocken tupfen und die Spitzen von den Stängeln zupfen. Dillspitzen fein hacken und in die Suppe geben. Die Suppe mit Salz und Pfeffer abschmecken.

Zutaten:

1–2 EL Mandelblättchen
300 g Brokkoli
400 ml Gemüsebrühe
1 Ecke Kräuter-Schmelzkäse (etwa 62,5 g)
50 g Schlagsahne
1 frisches Eigelb (Größe S)
Salz
frisch gemahlener Pfeffer
frisch geriebene Muskatnuss

E: 12 g, F: 27 g, Kh: 5 g,
kJ: 1307, kcal: 312, BE: 0,5

Preiswert

Channa Dal (Indische gelbe Erbsensuppe)

Zubereitungszeit: etwa 15 Minuten,
Kochzeit: etwa 80 Minuten, für 1 Person.

Zubereitung:

1. Schälerbsen in einem Sieb kalt abspülen, abtropfen lassen, mit Gemüsebrühe in einem Topf aufkochen. Dabei die Brühe mehrmals mit einer Schaumkelle abschäumen. Die Hitze reduzieren.

2. Lorbeerblatt, Zimt, Chilipulver und Kardamom hinzugeben und mit Deckel bei mittlerer Hitze etwa 80 Minuten köcheln lassen, bis die Erbsen weich sind und zerfallen. Dabei gelegentlich umrühren. Anschließend alles fein pürieren.

3. Butter in einer kleinen Pfanne zerlassen. Curry, Kurkuma und Kokosraspel hineingeben und kurz darin andünsten. Butter-Kokos-Masse in die pürierte Erbsensuppe rühren. Rosinen und Kreuzkümmel dazugeben und die Suppe erneut erwärmen. Suppe nach Belieben mit den Gewürzen abschmecken.

Kleine Warenkunde:

Schälerbsen müssen nicht eingeweicht werden (wie z. B. Kichererbsen oder getrocknete Erbsen), da die äußere harte Schale beim Schälvorgang bereits entfernt wurde.
Kardamom wird bei uns vorwiegend in der Weihnachtsbäckerei verwendet und ist Bestandteil von Currypulver. Kardamom ist ein rötlich-graues Pulver, dass vor allem aus Indien kommt. Es ist leicht scharf im Geschmack.

Dazu passt:

Fladenbrot.

Tipp:

Das Rezept lässt sich für Gäste leicht verdoppeln bzw. vervierfachen.

Variante:

Erbsensuppe mit Knoblauch-Crostini
(für 2 Personen). Hierfür ½ Bund Frühlingszwiebeln putzen, abspülen, abtropfen lassen und in Scheiben schneiden. 400 ml Gemüsebrühe in einem Topf erhitzen, Frühlingszwiebelscheiben hinzugeben und aufkochen lassen. 300 g TK-Erbsen unaufgetaut in die Brühe geben und wieder zum Kochen bringen. Erbsen in der Brühe mit Deckel bei schwacher Hitze etwa 8 Minuten garen, anschließend pürieren. ½ Becher (75 g) Crème fraîche in die Suppe rühren, nach Belieben erneut pürieren. Die Suppe mit Salz und Pfeffer abschmecken, mit einigen frischen Blättchen Oregano garnieren. Für die Crostini 1–2 Knoblauchzehen abziehen, halbieren und 4 Scheiben Baguette damit einreiben. 2 Esslöffel Olivenöl oder Butter in einer Pfanne erhitzen oder zerlassen. Die Baguettescheiben von beiden Seiten darin goldbraun rösten.

Zutaten:

60 g getrocknete, gelbe Schälerbsen
250 ml (¼ l) Gemüsebrühe
1 kleines Lorbeerblatt
1 Prise gemahlener Zimt
1 Msp. Chilipulver
¼ TL gemahlener Kardamom
10 g Butter
½ TL Currypulver
1 Msp. Kurkuma
½ EL Kokosraspel
1 EL Rosinen
1 Msp. Kreuzkümmel (Cumin)

E: 16 g, F: 15 g, Kh: 39 g,
kJ: 1492, kcal: 357, BE: 3,5

Noch ein Tipp:

Die doppelte Menge Suppe zubereiten. Eine Hälfte gleich verzehren und die andere Hälfte kalt stellen. Die kalt gestellte Suppe am nächsten oder übernächsten Tag wieder erwärmen.

Porree-Käse-Suppe

Zubereitungszeit: etwa 35 Minuten, für 2 Personen.

Macht richtig satt

Zutaten:

2 Stangen Porree (Lauch, etwa 400 g)
1 Zwiebel
2 EL Pflanzenöl
250 g Rindergehacktes (ersatzweise halb Rind-, halb Schweinegehacktes)
Salz
frisch gemahlener Pfeffer
500 ml (½ l) Fleischbrühe
1 Glas Champignonscheiben (Abtropfgewicht 170 g)
125 g Sahne- oder Kräuterschmelzkäse

E: 49 g, F: 62 g, Kh: 16 g,
kJ: 3413, kcal: 815, BE: 0,5

Zubereitung:

1. Porree putzen, die Stangen längs halbieren, gründlich waschen und abtropfen lassen. Porree in Streifen schneiden. Zwiebel abziehen und fein würfeln.

2. Öl in einem Topf erhitzen, Zwiebelwürfel darin andünsten. Rindergehacktes dazugeben und darin anbraten, dabei die Fleischklümpchen mit einer Gabel zerdrücken. Mit Salz und Pfeffer würzen.

3. Porreestreifen hinzufügen und kurz mitdünsten. Brühe hinzugießen und 15–20 Minuten zugedeckt garen. Champignons in einem Sieb gut abtropfen lassen und hinzufügen.

4. Schmelzkäse in die Suppe rühren und unter Rühren schmelzen lassen (nicht mehr kochen). Die Suppe mit Salz und Pfeffer abschmecken.

Dazu passt:

Ofenwarmes Kräuter- oder Knoblauch-Baguette oder Brötchen.

Tipp:

Die Suppe lässt sich einfach für viele Gäste vorbereiten. Dafür die Zutatenmenge der Personenzahl anpassen. Wer auf Kalorien achten will, verwendet fettreduzierte Schmelzkäsezubereitungen.

Variante:

Wer es lieber vegetarisch mag, ersetzt Rindergehacktes durch 1 zusätzliche Stange Porree. Für eventuelle Fleischliebhaber am Tisch klein gewürfelten, gekochten Schinken (1–2 Scheiben) getrennt dazureichen.

Simpel – vegetarisch

Gemüsesuppe

Zubereitungszeit: etwa 60 Minuten, für 8–10 Personen.

Zutaten:

500 g festkochende Kartoffeln
2–2½ l Gemüsebrühe
1 Beutel (1 kg) TK-Suppengemüse
1 Bund Petersilie
1 Bund Kerbel
200 g Emmentaler-Käse
Salz
frisch gemahlener Pfeffer

E: 11 g, F: 7 g, Kh: 12 g,
kJ: 660, kcal: 157, BE: 1,0

Zubereitung:

1. Kartoffeln waschen, schälen, abspülen und in Würfel schneiden. Gemüsebrühe in einen großen Topf geben, Kartoffelwürfel hinzufügen, alles zum Kochen bringen und etwa 20 Minuten zugedeckt kochen lassen.

2. Suppengemüse dazugeben und alles weitere 10 Minuten zugedeckt garen.

3. In der Zwischenzeit Petersilie und Kerbel abspülen, trocken tupfen, die Blättchen von den Stängeln zupfen und fein hacken. Käse fein reiben.

4. Die Suppe mit Salz und Pfeffer abschmecken und mit den gehackten Kräutern bestreuen. Den Käse kurz vor dem Servieren über die Suppe streuen oder getrennt dazureichen.

Tipp:

Fertig gekauftes Basilikumpesto getrennt zur Suppe reichen. Jeder nimmt sich etwa ½ Teelöffel Pesto und rührt es in seine Suppe. Am besten schmeckt dann dazu frisch geriebener Parmesan-Käse.

Dazu passt:

Ein kräftiges Brot oder Brötchen.

Variante 1:

Für **Gemüsesuppe mit Mettenden** (8–10 Personen) 4–5 Mettenden (ersatzweise Knackwürstchen) in Scheiben schneiden, 2–3 Minuten vor Ende der Garzeit in die Suppe geben und darin erwärmen.

Variante 2:

Für eine **frische Gemüsesuppe** (8–10 Personen) können Sie anstelle von TK-Suppengemüse auch 1 kg vorbereitetes Gemüse Ihrer Wahl (z. B. Möhren, Kohlrabi, Blumenkohl, Rosenkohl, grüne Bohnen) verwenden. Gemüse putzen, eventuell schälen, waschen und klein schneiden.

American Simpel Cornsoup

Zubereitungszeit: etwa 25 Minuten, für 2 Personen.

Zutaten:

1 mittelgroße Zwiebel
1 rote Paprikaschote
1 Dose Gemüsemais
(Abtropfgewicht 285 g)
1 EL Butter oder Margarine
1 TL Weizenmehl
250 ml (¼ l) Gemüsebrühe
250 g Schlagsahne
Salz
frisch gemahlener Pfeffer
Currypulver

E: 9 g, F: 49 g, Kh: 30 g,
kJ: 2585, kcal: 619, BE: 2,0

Zubereitung:

1. Zwiebel abziehen und in feine Würfel schneiden. Paprikaschote halbieren, entstielen, entkernen und die weißen Scheidewände entfernen. Die Schote waschen, trocken tupfen und würfeln. Mais in einem Sieb abtropfen lassen.

2. Butter oder Margarine in einem Topf zerlassen. Zwiebel- und Paprikawürfel darin andünsten. Mais hinzufügen und kurz mitdünsten. Das Gemüse mit Mehl bestäuben und unter gelegentlichem Rühren etwa 2 Minuten dünsten lassen.

3. Gemüsebrühe und Sahne hinzugießen. Die Zutaten zum Kochen bringen und zugedeckt bei schwacher Hitze 8–10 Minuten kochen lassen. Maiscremesuppe mit Salz, Pfeffer und Curry würzen.

Tipp:

Die Maiscremesuppe vor dem Servieren mit 1–2 Esslöffeln gehackten Cashewkernen sowie 1 Esslöffel gehacktem Koriander oder Petersilie bestreuen. Als Einlage können Sie auch je 2 Esslöffel Krabben- oder Flusskrebsfleisch oder Putenbruststreifen (Fertigprodukte aus dem Kühlregal) hinzufügen. Zutaten 2–3 Minuten vor Ende der Garzeit hinzufügen und kurz in der Suppe erwärmen.

Zucchini-Kokos-Suppe

Exotisch

Zubereitungszeit: etwa 30 Minuten,
für 2 Personen.

Zutaten:

1–2 Knoblauchzehen
1 Zwiebel
2 kleine Zucchini (etwa 400 g)
1 EL Speiseöl, z.B. Sonnenblumenöl
300 ml Gemüsebrühe
1 Pck. (200 ml) ungesüßte Kokosnussmilch
50 g Schafkäse
½ Bund Schnittlauch
gemahlenes Zitronengras
Salz
frisch gemahlener Pfeffer

E: 9 g, F: 27 g, Kh: 7 g,
kJ: 1317, kcal: 317, BE: 0,5

Zubereitung:

1. Knoblauchzehen und Zwiebel abziehen und beides fein hacken. Zucchini waschen, abtrocknen und die Enden abschneiden. Zucchini in feine Würfel schneiden.

2. Öl in einem Topf erhitzen, Knoblauch und Zwiebel darin unter gelegentlichem Rühren andünsten. Zucchiniwürfel hinzugeben und kurz mitdünsten.

3. Gemüsebrühe und Kokosnussmilch hinzufügen. Alles unter gelegentlichem Rühren kurz aufkochen lassen und zugedeckt bei schwacher Hitze etwa 5 Minuten kochen lassen.

4. Inzwischen Schafkäse in kleine Würfel schneiden. Schnittlauch abspülen, trocken tupfen, fein schneiden. Schafkäsewürfel und Schnittlauchröllchen mit etwas Zitronengras kurz in der Suppe erhitzen.

5. Suppe mit Salz, Pfeffer und evtl. Zitronengras pikant abschmecken und heiß servieren.

Dazu passt:

Warmes Fladenbrot oder Ciabatta.

Tipp:

Zitronengras sollte stets etwas mitgekocht werden, so entfaltet sich das asiatische Gewürz besser. Schafkäse ist meist salzig, deshalb die Suppe vorsichtig mit Salz abschmecken. Wer Kokosnussmilch und Schafkäse nicht mag, kann die Zucchinisuppe auch ohne diese beiden Zutaten zubereiten. Dann die Gemüsebrühemenge auf 500 ml (½ l) erhöhen. Am Schluss die Suppe kräftig mit Salz, Pfeffer und frisch geriebener Muskatnuss abschmecken. Je Teller 1–2 Esslöffel Joghurt (3,5 % Fett) als Klecks mit in die Suppe geben.

Variante:

Für eine **Möhrensuppe mit Kokosnussmilch** die Zucchini durch die gleiche Menge Möhren ersetzen. Möhren putzen, schälen, waschen, abtropfen lassen und in kleine Würfel schneiden. Dann die Suppe weiter wie im Rezept beschrieben zubereiten.

Asia-Suppe
Ganz einfach

Zubereitungszeit: etwa 35 Minuten, ohne Marinierzeit, für 2 Personen.

Zubereitung:

1. Hähnchenbrustfilet unter fließendem kalten Wasser abspülen, trocken tupfen und quer in Streifen schneiden. Filetstreifen in eine flache Schale legen.

2. Für die Marinade Chili waschen, abtrocknen, längs halbieren, entkernen und die Chilihälften fein hacken. Chili mit 2 Esslöffeln Sojasauce und Curry vermengen, über die Filetstreifen gießen und mit Frischhaltefolie zugedeckt etwa 15 Minuten marinieren lassen. Das Fleisch gelegentlich wenden.

3. Inzwischen von der Fenchelknolle den Stiel dicht oberhalb der Knolle abschneiden. Braune Stellen und Blätter entfernen und etwas Fenchelgrün zum Garnieren aufheben. Die Wurzelenden gerade schneiden. Die Knolle waschen, abtropfen lassen, halbieren und in Streifen schneiden.

4. Möhre putzen, schälen, waschen, abtrocknen und in Scheiben schneiden. Frühlingszwiebeln putzen, waschen, abtropfen lassen und in feine Scheiben schneiden.

5. Öl in einem Topf erhitzen. Fenchelstreifen, Möhren- und Frühlingszwiebelscheiben darin unter Rühren bei mittlerer Hitze 3–4 Minuten dünsten. Brühe hinzugießen, die Zutaten zum Kochen bringen und zugedeckt etwa 6 Minuten bei mittlerer Hitze garen.

6. Anschließend die Hähnchenbrustfiletstreifen mit der Marinade hinzufügen. Die Suppe nochmals zum Kochen bringen und zugedeckt 6–8 Minuten bei mittlerer Hitze kochen lassen. Ab und zu umrühren.

7. Die Suppe vor dem Servieren mit etwas Sojasauce, Pfeffer und Curry abschmecken. Beiseite gelegtes Fenchelgrün abspülen, trocken tupfen und fein hacken. Die Suppe mit Fenchelgrün bestreut servieren.

Variante:

Für **Glasnudelsuppe mit Porree** (1–2 Personen) 2 Stangen Porree (Lauch, etwa 300 g) putzen, dafür die Außenblätter entfernen, Wurzelenden und dunkles Grün abschneiden. Die Stangen längs halbieren, gründlich waschen, abtropfen lassen und quer in feine Streifen schneiden. 50 g Glasnudeln nach Packungsanleitung einweichen, anschließend mit einer Küchenschere zerschneiden, beiseitestellen. 1 Esslöffel Butter in einem Wok oder einer beschichteten Pfanne erhitzen. Porreestreifen darin andünsten. Mit 500 ml (½ l) Gemüsebrühe auffüllen. Zugedeckt den Porree etwa 5 Minuten bei mittlerer Hitze garen. In der Zwischenzeit 3–4 Stängel Zitronenmelisse kalt abspülen, trocken tupfen, die Blättchen von den Stängeln zupfen, einige Blättchen zum Garnieren beiseitelegen und den Rest hacken. Glasnudeln, 1 Esslöffel helle Sojasauce und 1–1½ Esslöffel frisch gepressten Zitronensaft zu dem Porree in den Wok geben und aufkochen lassen. Mit Salz, Pfeffer und Cayennepfeffer abschmecken. Kurz vor dem Servieren gehackte Zitronenmelisse unterheben. Die Suppe mit den beiseite gelegten Zitronenmelisseblättchen garnieren. Nach Belieben zusätzlich 100 g Sojasprossen (frisch oder aus dem Glas) und kleine Mett- oder Geflügelbällchen, oder geräucherte, in Streifen geschnittene Hähnchenbrust in die Suppe geben und kurz miterwärmen.

Zutaten:

1 kleines Hähnchenbrustfilet (125–150 g)
1 kleine rote Chilischote
2–3 EL helle Sojasauce
Currypulver
1 große Fenchelknolle (etwa 250 g)
1 Möhre
½ Bund Frühlingszwiebeln
1 EL Speiseöl, z.B. Sonnenblumenöl
500 ml (½ l) Gemüsebrühe
frisch gemahlener Pfeffer
nach Belieben etwas Currypulver

E: 22 g, F: 6 g, Kh: 11 g,
kJ: 814, kcal: 195, BE: 0

Gyrossuppe
Der Party-Klassiker

Zubereitungszeit: etwa 75 Minuten,
ohne Durchziehzeit, für 8–10 Personen.

Zutaten:

2 kg Schweinegeschnetzeltes
(Gyros, fertig gewürzt)
8 EL Speiseöl oder 80 g Butterschmalz
800 g Schlagsahne
6 Zwiebeln
je 4 rote und grüne Paprikaschoten
5 EL Olivenöl
1 ½ l Wasser
3 Beutel Zwiebelsuppenpulver
(für je ¾ l Flüssigkeit)
1 Glas (500 ml) Zigeuner- oder
Chilisauce
250 g Schmelzkäse
Salz
frisch gemahlener Pfeffer
1–2 TL gerebelter Thymian

E: 55 g, F: 78 g, Kh: 26 g,
kJ: 4312, kcal: 1030, BE: 1,5

Zubereitung:

1. Am Vortag das Geschnetzelte portionsweise anbraten. Dafür je 2 Esslöffel Öl oder Butterschmalz in einer großen Pfanne erhitzen. Ein Viertel der Fleischstreifen darin etwa 3 Minuten unter häufigem Wenden braten, anschließend in eine große Auflaufform geben.

2. Das Fleisch mit der Sahne übergießen und mit Frischhaltefolie zugedeckt über Nacht im Kühlschrank durchziehen lassen.

3. Am nächsten Tag Zwiebeln abziehen, halbieren und in feine Scheiben schneiden. Paprikaschoten halbieren, entstielen, entkernen und die weißen Scheidewände entfernen. Die Schoten abspülen, abtropfen lassen und in schmale Streifen schneiden.

4. Die Hälfte des Olivenöls in einem großen, hohen Topf erhitzen. Die Hälfte der Zwiebelscheiben und Paprikastreifen darin unter Rühren andünsten, anschließend herausnehmen und beiseitelegen. Die restlichen Zwiebelscheiben und Paprikastreifen andünsten. Das beiseite gelegte Gemüse wieder hinzufügen.

5. Wasser hinzugießen und alles zum Kochen bringen. Suppenpulver unter Rühren in die kochende Flüssigkeit rühren und bei schwacher Hitze 5–8 Minuten kochen lassen, dabei ab und zu umrühren.

6. Zigeuner- oder Chilisauce, Schmelzkäse und die marinierten Fleischstreifen in die Suppe geben. Alle Zutaten unter Rühren zum Kochen bringen, bis sich der Käse gut aufgelöst hat.

7. Die Gyrossuppe mit Salz, Pfeffer und Thymian pikant abschmecken.

Tipp:

Typisch für Gyros ist, dass das Fleisch mit Knoblauch und Gyros-Gewürzsalz gewürzt wurde. Sollte der typische Geschmack fehlen, so fügen Sie 3–4 Knoblauchzehen zu. Dafür Knoblauchzehen abziehen, durch eine Knoblauchpresse drücken und zum Fleisch geben. Evtl. mit Gyros-Gewürzsalz (Fertigprodukt) abschmecken. Geschnetzeltes immer portionsweise anbraten, so wird es nicht zäh.

Chili con carne
Wie bei Muttern

Zubereitungszeit: etwa 75 Minuten,
für 8–10 Personen.

Zutaten:

800 g Tomaten oder 2 große Dosen geschälte Tomaten (Abtropfgewicht je 480 g)
4 Zwiebeln
4 Knoblauchzehen
150 g durchwachsener Speck
je 2 rote und grüne Paprikaschoten (je 150 g)
3 EL Speiseöl, z. B. Sonnenblumenöl
800 g Rindergehacktes
Salz
frisch gemahlener Pfeffer
500 ml (½ l) Gemüsebrühe
2 große Dosen Kidneybohnen (Abtropfgewicht je 425 g)
Chilipulver
2–3 TL Paprikapulver edelsüß
2 TL getrockneter, gerebelter Oregano

E: 31 g, F: 21 g, Kh: 22 g,
kJ: 1273, kcal: 403, BE: 1,5

Zubereitung:

1. Tomaten kreuzweise einschneiden, kurz in kochendes Wasser legen und in kaltem Wasser abschrecken. Tomaten enthäuten, die Stängelansätze herausschneiden und Tomaten würfeln (Dosentomaten zerkleinern).

2. Zwiebeln und Knoblauch abziehen, in kleine Würfel schneiden. Speck ebenfalls würfeln. Paprikaschoten halbieren, entstielen, entkernen, die weißen Scheidewände entfernen, die Schoten abspülen, abtropfen lassen und in Streifen schneiden.

3. Öl in einem großen Topf erhitzen. Zwiebel-, Knoblauch- und Speckwürfel darin andünsten. Gehacktes hinzufügen und unter Rühren darin braun und gar braten, dabei die Fleischklümpchen mit Hilfe einer Gabel zerdrücken. Mit Salz und Pfeffer würzen.

4. Paprikastreifen und Gemüsebrühe hinzufügen, zum Kochen bringen und etwa 5 Minuten bei mittlerer Hitze mit Deckel schmoren.

5. Bohnen in ein Sieb geben, kalt abspülen und abtropfen lassen. Tomatenwürfel (Dosentomaten mit dem Saft) und Bohnen unterrühren, alles mit Chilipulver, Paprikapulver und Oregano würzen und noch etwa 10 Minuten mit Deckel bei schwacher Hitze kochen. Das Chili mit Salz und Pfeffer abschmecken.

Dazu passt:

Warmes Fladenbrot oder Roggenbrötchen.
Wer mag, serviert gekochten Reis zum Chili con carne. Pro Person rechnet man 40–50 g rohen Reis. Ganz schnell geht es auch mit Kochbeutelreis. Packungsanleitung beachten.

Variante:

Vegetarisches Chili. Dafür 2 Gemüsezwiebeln und 4 Knoblauchzehen abziehen und fein würfeln. 2 dicke Möhren putzen, abspülen und schälen. Je 2 rote, grüne und gelbe Paprikaschoten halbieren, entstielen, entkernen, die weißen Scheidewände entfernen, Schoten abspülen und abtropfen lassen. 1 große Aubergine und 2 Zucchini abspülen, abtropfen lassen und die Enden abschneiden. Das vorbereitete Gemüse in kleine Würfel schneiden. Zuerst Zwiebel- und Möhrenwürfel in einem Topf bei mittlerer Hitze in 5–6 Esslöffeln Olivenöl leicht anbraten. Dann Paprika und Knoblauch hinzufügen und danach Aubergine und Zucchini mitdünsten. 2 Dosen geschälte Tomaten (Einwaage je 800 g) mit Saft pürieren und zusammen mit 4 kleinen, abgetropften Dosen Kidney-Bohnen (Abtropfgewicht je 250 g), 2 Lorbeerblättern, 5–6 Esslöffeln Chilisauce in einen Topf geben, zum Kochen bringen und bei schwacher Hitze zugedeckt 30–40 Minuten köcheln lassen. Ab und zu umrühren. Mit Chilipulver, Salz und Zucker würzen. 2 kleine Stängel Rosmarin und 2 Bund Thymian abspülen, trocken tupfen, die Blättchen von den Stängeln zupfen und Blättchen fein hacken. 20 Minuten vor Ende der Garzeit die Kräuter zum Chili geben und fertig garen. Mit Salz, Pfeffer und reichlich Chilipulver abschmecken, Lorbeerblätter entfernen. Nach Belieben mit gehackter Petersilie bestreut servieren.

Raffiniert – preiswert
Basilikum-Reis-Bällchen

Zubereitung:

1. Salzwasser in einem Topf zum Kochen bringen. Reis hineingeben und mit Deckel nach Packungsanleitung etwa 30 Minuten garen. Reis abgießen und abkühlen lassen.

2. Reis mit Quark, Ei, Parmesan und Semmelbröseln in eine Schüssel geben und verkneten.

3. Basilikum abspülen, trocken tupfen, die Blättchen von den Stängeln zupfen. Blättchen in Streifen schneiden und die Hälfte davon unter die Reismasse mischen. Die Reis-Basilikum-Masse mit Salz und Pfeffer abschmecken.

4. Mit angefeuchteten Händen etwa 6 gleich große Bällchen aus der Reismasse formen. Öl in einem hohen Topf erhitzen. Das Öl hat dann die richtige Temperatur erreicht, wenn sich an einem ins Fett gehaltenen Holzlöffel kleine Bläschen bilden. Die Reisbällchen portionsweise in dem Öl 3–4 Minuten goldbraun frittieren, dabei evtl. wenden. Dann die Bällchen mit einer Schaumkelle herausnehmen, auf Küchenpapier abtropfen lassen und warm stellen.

5. Für das Gemüse Porree putzen, die Stange längs halbieren, gründlich abspülen und abtropfen lassen. Porree in Scheiben schneiden. Tomaten kreuzweise einschneiden, kurz in kochendes Wasser legen, anschließend mit kaltem Wasser abschrecken. Tomaten enthäuten. Tomaten achteln und die Stängelansätze herausschneiden. Knoblauchzehe abziehen und fein würfeln.

6. Öl in einem Topf erhitzen und die Knoblauchwürfel darin andünsten. Porreescheiben zufügen und kurz mitdünsten. Brühe unterrühren, einmal kurz aufkochen lassen und mit Deckel bei schwacher Hitze etwa 5 Minuten garen. Tomaten hinzufügen, 3–4 Minuten mitgaren, mit Salz und Pfeffer würzen. Restliche Basilikumstreifen unterrühren.

7. Für den Dip Crème fraîche mit Joghurt glatt rühren, mit Salz und Pfeffer abschmecken.

8. Das Tomaten-Porree-Gemüse mit Basilikum-Reis-Bällchen und dem Dip servieren.

Dazu passt:

Gebratener Mandel-Tofu (für 2 Personen). Hierfür 300 g Tofu in etwa ½ cm dicke Scheiben schneiden. 4 Esslöffel Sojasauce mit 1 Esslöffel Weißweinessig und ½ Teelöffel Ahornsirup verrühren. Tofu in eine flache Schale geben und mit der Marinade beträufeln. Tofu mit Frischhaltefolie zugedeckt im Kühlschrank etwa 2 Stunden marinieren. Anschließend den Tofu aus der Marinade nehmen, etwas trocken tupfen und in 2 Esslöffeln abgezogenen, gemahlenen Mandeln wenden. Tofu in 3–4 Esslöffeln Sesamöl von beiden Seiten goldgelb braten.

Variante:

Reisbällchen mit Mozzarella (für 2 Personen). Hierfür 200 g Tomatenstücke mit Kräutern (Tetra Pak®) und 200 ml Gemüsebrühe in einen Topf geben und aufkochen. 200 g Aborio-Reis (Rundkornreis) hinzufügen und zugedeckt etwa 30 Minuten bei schwacher Hitze quellen lassen. Dabei gelegentlich umrühren. Gegarten Reis etwas abkühlen lassen, evtl. in ein Sieb geben. 1 Ei (Größe M) und 30 g frisch geriebenen Parmesan-Käse unterrühren. Mit Salz und Pfeffer würzen. Etwa 60 g Mozzarella-Käse abtropfen lassen und würfeln.

auf Tomaten-Porree

Zubereitungszeit: etwa 40 Minuten,
ohne Koch- und Abkühlzeit für den Reis,
für 2 Personen (ergibt 6 Bällchen).

1 Esslöffel gehackte Basilikumblättchen unterrühren. Von der Reismasse eine Portion mit etwas Mehl bestäuben und in der Hand flachdrücken. Einige Mozzarella-Würfel in die Mitte geben, den Reis um die Füllung herum zu einem Bällchen formen. Genauso mit dem restlichen Reis verfahren. 1 Ei verquirlen. Reisbällchen erst in Ei, dann in etwa 4 Esslöffeln Semmelbrösel wenden. 1 Liter Speiseöl in einem großen Topf erhitzen und die Reisbällchen in dem Fett goldbraun frittieren.

Zutaten:

Für die Basilikum-Reis-Bällchen:
375 ml (3/8 l) Salzwasser
125 g Naturreis
etwa 25 g Magerquark
1 Ei (Größe M)
40 g frisch geriebener Parmesan-Käse
30 g Semmelbrösel
½ Bund Basilikum
Salz
frisch gemahlener Pfeffer
etwa 1 l Speiseöl zum Frittieren,
z. B. Sonnenblumenöl

Für das Gemüse:
1 Stange Porree (Lauch)
400 g Tomaten
1 Knoblauchzehe
1½ EL Speiseöl, z. B. Sonnenblumenöl
50 ml Gemüsebrühe

Für den Dip:
½ Becher (75 g) Crème fraîche
75 g Joghurt

E: 23 g, F: 48 g, Kh: 70 g,
kJ: 3401, kcal: 814, BE: 5,5

Einfach zuzubereiten
Kokosmilch-Pilaw

Zubereitungszeit: etwa 40 Minuten, ohne Abkühlzeit, für 2 Personen.

Zubereitung:

1. Zwiebel abziehen und fein würfeln. Staudensellerie putzen und die harten Außenfäden abziehen. Sellerie abspülen, abtropfen lassen und in Scheiben schneiden. Paprikaschote halbieren, entstielen, entkernen und die weißen Scheidewände entfernen. Schote abspülen, abtropfen lassen und in Streifen schneiden.

2. Cashewkerne grob hacken. Zitrone heiß abwaschen, abtrocknen und einen dünnen Streifen von der Schale abschneiden. Zitrone halbieren, den Saft auspressen und den Saft beiseitestellen.

3. Butter in einem Topf zerlassen. Zwiebelwürfel und Langkornreis zufügen und darin unter Rühren glasig dünsten. Selleriescheiben, Paprikastreifen, Nüsse und TK-Erbsen zugeben, kurz mitdünsten. Gemüse mit Salz und Pfeffer würzen. Die Kokosmilch hinzugießen und die Zitronenschale zugeben. Alles aufkochen lassen und den Reis mit Deckel nach Packungsanleitung bei schwacher Hitze etwa 15 Minuten gar ziehen lassen.

4. Inzwischen die Kokosraspel in einer Pfanne ohne Fett goldbraun rösten, dann auf einem Teller abkühlen lassen.

5. Die Zitronenschale aus dem Pilaw entfernen. Den Pilaw mit dem beiseite gestellten Zitronensaft (etwa 3 Esslöffel) und der Petersilie vermengen. Das Pilaw mit Salz und Pfeffer kräftig abschmecken. Kokospilaw mit den gerösteten Kokosraspeln bestreuen.

Kleine Warenkunde:

Pilaw kommt ursprünglich aus dem Orient und heißt übersetzt Reisgericht. Es wird entweder mit Gemüse, Fisch, Geflügel oder Fleisch zubereitet und kräftig gewürzt.

Tipps:

Statt TK-Erbsen können Sie auch 100 g frisch gepalte Erbsen verwenden. Beim Einkauf müssen Sie dafür etwa 300 g ungepalte Erbsen (mit Hülsen, auch Erbsenschoten genannt) einplanen. Für das Rezept die Erbsen palen, abspülen und abtropfen lassen. Die frischen Erbsen mit dem Gemüse zum Reis geben, kurz andünsten und weiter wie im Rezept beschrieben verarbeiten. Kokosmilch hält sich angebrochen im Kühlschrank etwa 4 Tage.

Noch ein Tipp:

Wer Kokosmilch nicht mag, kann das Pilaw auch mit Gemüsebrühe zubereiten. Den Reis und das Gemüse dann in 200 ml Brühe garen.

Variante:

Wer mag, bereitet aus der übrigen Kokosmilch in den nächsten Tagen ein **Möhren-Mais-Pilaw mit Paprika** (für 2 Personen) zu. Hierfür 1 Möhre (etwa 125 g) putzen, schälen, waschen und abtropfen lassen. Möhre der Länge nach halbieren und in Scheiben schneiden. 1 grüne Paprikaschote halbieren, entstielen, entkernen und die weißen Scheidewände entfernen. Schote waschen, abtropfen lassen und in Streifen schneiden. 1 kleine Dose Gemüsemais (Abtropfgewicht 140 g) in einem Sieb abtropfen lassen. Das Gemüse zum angedünsteten Reis in den Topf geben und alles weiter wie im Rezept beschrieben zubereiten.

Zutaten:

1 kleine Zwiebel
150 g Staudensellerie
1 gelbe Paprikaschote
1 EL Cashewkerne
1 Bio-Zitrone (unbehandelt, ungewachst)
1 EL Butter
100 g Langkornreis
100 g TK-Erbsen
Salz
frisch gemahlener Pfeffer
½ Dose ungesüßte Kokosmilch
(200 ml)
1 EL Kokosraspel
1 EL frisch gehackte Petersilie

E: 12 g, F: 34 g, Kh: 57 g,
kJ: 2465, kcal: 592, BE: 4,5

Lecker – leicht

Asia-Pfanne

Zubereitungszeit: etwa 25 Minuten, ohne Abkühlzeit, für 2 Personen.

Zubereitung:

1. Sesamsamen in einem Wok oder in einer beschichteten Pfanne ohne Fett goldbraun rösten und auf einem Teller erkalten lassen. Ananasstücke und Maiskölbchen jeweils in einem Sieb abtropfen lassen. Ananasflüssigkeit dabei auffangen.

2. Von den Zuckerschoten die Enden abschneiden, die Schoten evtl. abfädeln, abspülen und abtropfen lassen. Große Zuckerschoten schräg halbieren. Von dem Chinakohl die äußeren welken Blätter entfernen, den Strunk herausschneiden. Chinakohl in Streifen schneiden, abspülen und gut abtropfen lassen. Paprikaschote halbieren, entstielen, entkernen und die weißen Scheidewände entfernen. Schote abspülen, abtropfen lassen und in grobe Würfel schneiden.

3. Öl in einem Wok oder in einer beschichteten Pfanne erhitzen. Zuckerschoten, Chinakohlstreifen und Paprikastücke darin unter gelegentlichem Wenden bei starker Hitze 5–8 Minuten braten.

4. In der Zwischenzeit Ingwerwurzel schälen, auf einer Küchenreibe fein reiben oder fein hacken. Mit 4 Esslöffeln von dem aufgefangenen Ananassaft und der Speisestärke verrühren.

5. Ananasstücke und Maiskölbchen mit dem Gemüse vermengen. Das Gemüse mit 5-Gewürz-Pulver, Salz und Pfeffer würzen. Angerührte Speisestärke hinzugeben, verrühren und alles bei großer Hitze unter Rühren kurz aufkochen lassen. Gemüse nochmals abschmecken, mit Sesam bestreuen und sofort servieren.

Dazu passt:

Naturreis (für 2 Personen). Hierfür 250 ml (¼ l) Wasser mit 80–100 g Naturreis und etwas Salz in einem geschlossenen Topf zum Kochen bringen. Den Reis bei schwacher Hitze 20–25 Minuten bissfest garen (Packungsanleitung beachten). Gegarten Reis in einem Sieb abtropfen lassen und zu der Asia-Pfanne servieren.

Variante:

Für eine **Asia-Pfanne mit Möhren und Sprossen** (für 2 Personen) statt des halben Chinakohls 100 g frische Sojabohnenkeimlinge (ersatzweise aus dem Glas) und 1 Möhre verwenden. Die Menge der Ananasstücke und Maiskolben verdoppeln. Die Sojabohnenkeimlinge in ein Sieb geben, kurz abspülen und gut abtropfen lassen, evtl. trocken tupfen (Sojasprossen aus dem Glas gut abtropfen lassen). Möhre putzen, schälen, abspülen und abtropfen lassen. Möhre längs halbieren und in Scheiben schneiden. Die Asia-Pfanne weiter wie im Rezept beschrieben zubereiten.

Tipp:

Frischer Ingwer lässt sich auch gut durch eine Knoblauchpresse drücken.

Zutaten:

1 EL Sesamsamen
½ Dose Ananasstücke
(Abtropfgewicht 350 g)
½ Glas Mini-Maiskolben
(Abtropfgewicht 170 g)
75 g Zuckerschoten
½ Kopf Chinakohl
1 kleine rote Paprikaschote
1 EL Speiseöl, z. B. Sonnenblumenöl
1 walnussgroßes Stück Ingwerwurzel
1 gestr. TL Speisestärke
1 Msp. 5-Gewürz-Pulver
Salz
frisch gemahlener Pfeffer

E: 6 g, F: 10 g, Kh: 36 g,
kJ: 1115, kcal: 267, BE: 2,5

Zutaten:

400 g festkochende Kartoffeln
1 Zwiebel
2 Paar Wiener Würstchen
(ersatzweise etwa 250 g Fleischwurst)
2 Gewürzgurken (aus dem Glas)
1½ EL Speiseöl, z.B. Sonnenblumenöl
1½ EL Butter
Salz
frisch gemahlener Pfeffer
½ TL getrockneter Majoran
2 Eier (Größe M)
½ Bund Schnittlauch

E: 33 g, F: 60 g, Kh: 30 g,
kJ: 3342, kcal: 798, BE: 2,5

Österreichische Gröstelpfanne

Zubereitungszeit: etwa 60 Minuten, ohne Abkühlzeit, für 2 Personen.

Zubereitung:

1. Kartoffeln waschen, in einem Topf mit Wasser bedeckt zum Kochen bringen und bei mittlerer Hitze 20–25 Minuten zugedeckt kochen.

2. Die gegarten Kartoffeln abgießen, kurz mit kaltem Wasser abspülen, abtropfen lassen, noch heiß pellen und abkühlen lassen.

3. Kartoffeln in Würfel schneiden. Zwiebel abziehen und würfeln. Würstchen in Scheiben schneiden oder Fleischwurst aus der Haut lösen, längs halbieren und in Scheiben schneiden. Gewürzgurken in Würfel schneiden.

4. Öl und ½ Esslöffel Butter in einer großen Pfanne erhitzen. Die Kartoffelwürfel hinzufügen und unter gelegentlichem Wenden 12–15 Minuten bei schwacher bis mittlerer Hitze goldbraun braten.

5. Zwiebelwürfel, Würstchenscheiben und Gurkenwürfel zu den Kartoffeln geben und alles etwa 10 Minuten weiterbraten, dabei ab und zu wenden. Die Gröstelpfanne mit Salz, Pfeffer und Majoran abschmecken, bei schwacher Hitze warm halten.

6. Inzwischen restliche Butter in einer weiteren Pfanne zerlassen. Die Eier vorsichtig aufschlagen und nebeneinander in das Fett gleiten lassen. Eiweiß mit etwas Salz bestreuen und die Eier etwa 5 Minuten bei mittlerer Hitze braten, bis das Eiweiß fest ist. Die Spiegeleier aus der Pfanne nehmen und die Gröstelpfanne vor dem Servieren damit belegen. Schnittlauch abspülen, trocken tupfen und in Röllchen schneiden. Die Gröstelpfanne mit Schnittlauchröllchen bestreuen.

Dazu passt:

Ein grüner Salat (siehe Tipp „Texas Auflauf“ S. 56/57).

Tipp:

Wer besonders viel Appetit hat, rechnet als Hauptgericht pro Person zwei Spiegeleier. Falls keine zweite Pfanne zur Hand ist, die fertigen Bratkartoffeln in einer Schüssel zugedeckt warm stellen.

Dauert etwas länger

Türkischer Pilaw

Zubereitungszeit: etwa 45 Minuten, für 2 Personen.

Kleine Warenkunde:

Safran wird in der orientalischen Küche häufig verwendet. Er färbt die Speisen gelb und schmeckt etwas scharf-bitter. Safran gehört mit zu den teuersten Gewürzen der Welt.

Zubereitung:

1. Hähnchenbrustfilets unter fließendem kalten Wasser abspülen und trocken tupfen. Fleisch in Stücke schneiden.

2. Zwiebel abziehen und würfeln. Paprikaschote halbieren, entstielen, entkernen und die weißen Scheidewände entfernen. Schote waschen und würfeln.

3. Öl in einer Pfanne erhitzen und Hähnchenstücke darin von allen Seiten anbraten. Zwiebel- und Paprikawürfel dazugeben und 2–3 Minuten mitbraten.

4. Reis hinzugeben und etwa 2 Minuten mitanrösten, bis die Körner glasig sind. Rosinen unterrühren, Brühe hinzugießen und mit Safran, Ingwer, Salz und Pfeffer würzen. Pilaw zugedeckt 25–30 Minuten bei schwacher Hitze quellen lassen, bis die Brühe verdampft und der Reis weich ist. Pilaw mit den Gewürzen abschmecken.

Zutaten:

2 Hähnchenbrustfilets (je etwa 150 g)
1 kleine Gemüsezwiebel (ersatzweise ½ Gemüsezwiebel, etwa 125 g)
1 rote Paprikaschote
2 EL Olivenöl
125 g Langkornreis
50 g Rosinen
250 ml (¼ l) Hühnerbrühe
0,1 g Safran
gemahlener Ingwer
Salz
frisch gemahlener Pfeffer

E: 42 g, F: 12 g, Kh: 74 g,
kJ: 2448, kcal: 586, BE: 5,5

Tipp:

Sie können zusätzlich 125 g enthäutete, entkernte Tomaten hinzugeben. So schmeckt der Pilaw noch fruchtiger.

Macht richtig satt

Variante:

Für ein **Pilz-Speck-Pilaw** (2 Personen) ½ Esslöffel Butterschmalz in einer kleinen Pfanne zerlassen und 75 g in Scheiben geschnittene, frische Champignons 2–3 Minuten darin andünsten, herausnehmen. 1 Esslöffel Butter zerlassen und 1 kleine, gewürfelte Zwiebel und 2 Scheiben gewürfelten Frühstücksspeck darin auslassen, bis die Zwiebelwürfel glasig sind. 100 g Langkornreis hinzugeben und etwa 2 Minuten unter Rühren anrösten, bis die Körner glasig sind und die Butter aufgesogen haben. Champignonscheiben hinzufügen, mit Salz und Pfeffer würzen. Mit etwa 200 ml Rinder- oder Gemüsebrühe (Instant) aufgießen. Zum Kochen bringen, zugedeckt bei schwacher Hitze 20–30 Minuten quellen lassen, bis der Reis gar ist. Pilz-Speck-Pilaw passt gut zu kurz gebratenem Fleisch.

Preiswert
Kartoffelpfanne Espagna

Zubereitungszeit: etwa 45 Minuten, für 2 Personen.

Zubereitung:

1. Kartoffeln waschen, schälen, abspülen, abtropfen lassen und in Scheiben schneiden. Speck in Würfel schneiden und in einer großen Pfanne ohne Fett auslassen.

2. Zwiebel und Knoblauchzehe abziehen, beides fein würfeln. Öl zum Speckfett geben, Zwiebel- und Knoblauchwürfel in dem Fett glasig dünsten.

3. Die Kartoffelscheiben hinzugeben und alles mit Salz bestreuen. Die Pfanne mit einem Deckel zudecken und etwa 15 Minuten braten, zwischendurch umrühren.

4. Knoblauchwurst in Scheiben schneiden. Paprikaschote halbieren, entstielen, entkernen und die weißen Scheidewände entfernen. Schote waschen, abtrocknen und in kleine Würfel schneiden.

5. Tomaten waschen, abtrocknen, halbieren und die Stängelansätze herausschneiden. Tomaten in Stücke schneiden. Chilischote längs halbieren, entkernen, abspülen und trocken tupfen. Chilihälfte in feine Streifen schneiden.

6. Wurstscheiben, Paprikawürfel, Tomatenstücke und Chilistreifen zu den Kartoffeln geben, das Ganze etwa 8 Minuten bei mittlerer Hitze zugedeckt mitgaren lassen, dabei ab und zu umrühren.

7. Eier mit Salz, Pfeffer und Paprikapulver verschlagen, über die Kartoffelpfanne gießen und bei mittlerer Hitze zugedeckt etwa 5 Minuten stocken lassen.

Zutaten:

500 g festkochende Kartoffeln
3 Scheiben Frühstücksspeck (ersatzweise magerer, durchwachsener Speck)
1 Zwiebel
1 Knoblauchzehe
1 EL Olivenöl
Salz
200 g Chorizo (scharf gewürzte, spanische Knoblauchwurst)
1 rote Paprikaschote
2 Tomaten
½ rote Chilischote
2 Eier (Größe M)
frisch gemahlener Pfeffer
Paprikapulver edelsüß

E: 36 g, F: 49 g, Kh: 38 g,
kJ: 3098, kcal: 739, BE: 2,5

Tipp:

Chorizo ist eine typische, spanische Knoblauchwurst. Spanische Würste sehen meist roter aus als unsere Würste. Wer den typischen Knoblauchgeschmack nicht mag, nimmt stattdessen polnische Mettenden. Wenn es schnell gehen soll, die Kartoffeln am Vortag in der Schale kochen, abgießen, abschrecken und abtropfen lassen. Am nächsten Tag die Kartoffeln pellen, weiter wie im Rezept beschrieben verarbeiten.

Variante:

Für eine **griechische Kartoffelpfanne** (2 Personen) etwa 500 g festkochende Kartoffeln gründlich waschen, mit Wasser bedeckt in einem Topf zum Kochen bringen, in 20–25 Minuten zugedeckt gar kochen. Die gegarten Kartoffeln abgießen, mit kaltem Wasser abschrecken, abtropfen lassen und sofort pellen. Pellkartoffeln etwas abkühlen lassen. 1 kleine rote Paprikaschote halbieren, entstielen, entkernen und die weißen Scheidewände entfernen. Schote waschen, abtropfen lassen und in kleine Würfel schneiden. 1–2 Knoblauchzehen abziehen, ebenfalls hacken. Pellkartoffeln in Scheiben schneiden. 1 Esslöffel Butterschmalz in einer Pfanne erhitzen, die Kartoffelscheiben unter Wenden darin goldbraun braten. 1 Packung (200 g) Feta-Käse in Würfel schneiden. Kartoffeln mit Salz und Pfeffer würzen, aus der Pfanne nehmen. 1 weiteren Esslöffel Butterschmalz in die Pfanne geben, Paprikawürfel und Knoblauch zufügen und unter Rühren etwa 5 Minuten dünsten, mit Salz und Pfeffer würzen. Kartoffeln, Feta, etwa ½ Teelöffel getrockneter Oregano und abgetropfte, grüne oder schwarze Oliven ohne Stein (1 Glas; Abtropfgewicht 85 g) in die Pfanne geben. Zutaten vermengen, so lange erwärmen, bis der Käse leicht geschmolzen ist.

Variante:

Für **„klassisch-deutsche" Frikadellen** (8–10 Personen) zusätzlich 2 Brötchen (Semmeln, vom Vortag) in kaltem Wasser einweichen. 2–3 Zwiebeln abziehen und fein würfeln. 1½ Esslöffel Speiseöl oder 15 g Butterschmalz in einer Pfanne erhitzen. Die Zwiebelwürfel darin unter Rühren 2–3 Minuten glasig dünsten. Die Zwiebelwürfel aus der Pfanne nehmen, auf Küchenpapier abtropfen und etwas abkühlen lassen. Die Brötchen gut ausdrücken und mit dem Gehackten (1,2–1,5 kg), den Zwiebelwürfeln und den 2 Eiern (Größe M) vermengen, mit Salz und Pfeffer würzen. Kleine Frikadellen formen und portionsweise in heißem Öl oder Butterschmalz (4 Esslöffel oder 40 g) rundherum bei mittlerer Hitze etwa 15 Minuten braten.

Preiswert

Zutaten:

1–1½ kg Gehacktes (halb Rind-, halb Schweinefleisch)
2 Eier (Größe M)
Salz
frisch gemahlener Pfeffer
etwa 4 EL Speiseöl oder 40 g Butterschmalz
3 Bund Frühlingszwiebeln
750 g kleine, weiße Champignons
3 Gläser Cornichons (Abtropfgewicht je 190 g)
etwas Mehl
500 g Schlagsahne
2–2½ TL Paprikapulver edelsüß
2–2½ EL mittelscharfer Senf
1 Bund glatte Petersilie

E: 36 g, F: 48 g, Kh: 10 g, kJ: 2601, kcal: 621, BE: 0,5

Bitotschki
(russische Frikadellen)

Zubereitungszeit: 45 Minuten,
Garzeit: etwa 25 Minuten, für 8–10 Personen.

Zubereitung:

1. Gehacktes mit Eiern in einer Schüssel vermengen, mit Salz und Pfeffer würzen. Aus der Masse mit angefeuchteten Händen 24–30 kleine Frikadellen formen. Die Hälfte vom Speiseöl oder Butterschmalz in einer großen Pfanne erhitzen und die Hälfte der Frikadellen von allen Seiten darin unter gelegentlichem Wenden bei mittlerer Hitze in etwa 10 Minuten braten. Frikadellen herausnehmen und beiseitestellen. Restliches Öl oder Butterschmalz erhitzen und die übrigen Frikadellen ebenso braten. Backofen vorheizen.

2. Frühlingszwiebeln putzen, waschen, abtropfen lassen, in Scheiben schneiden. Champignons putzen, mit Küchenpapier abreiben, evtl. kurz abspülen, trocken tupfen und halbieren. Cornichons abtropfen lassen und längs vierteln.

3. Cornichonviertel kurz in einer Pfanne mit etwas Speiseöl andüsten, anschließend mit etwas Mehl bestäuben, mit der Sahne übergießen und kurz aufkochen lassen. Vorbereitetes Gemüse mit der Cornichon-Sahne-Mischung in einer Schüssel vermengen. 2 Teelöffel Paprikapulver und Senf unterrühren. Mit Salz und Pfeffer abschmecken.

4. Die Gemüse-Sahne-Masse in eine große, gefettete Auflaufform oder auf ein tiefes, gefettetes Backblech geben. Frikadellen auf der Gemüse-Sahne-Masse verteilen und mit Paprikapulver bestäuben. Die Form auf dem Rost oder das Backblech in den vorgeheizten Backofen schieben.

Ober-/Unterhitze: etwa 200 °C
Heißluft: etwa 180 °C
Garzeit: etwa 25 Minuten.

5. Inzwischen Petersilie abspülen, trocken tupfen, die Blättchen von den Stängeln zupfen. Petersilie fein hacken. Frikadellen auf dem Gemüse mit Petersilie bestreut servieren.

Dazu passt:

Reis. Kleine Faustregel für das Reisgaren: Für 8–10 Personen etwa 2½ Tassen Langkornreis (entspricht etwa 400 g) in einen Topf geben. Die doppelte Menge kaltes Wasser (5 Tassen = 800 ml) mit 2 Teelöffeln Gemüsebrühe (Instant) oder ½ Teelöffel Salz zufügen. Zum Kochen bringen und den Reis zugedeckt bei kleiner Hitze etwa 20 Minuten quellen lassen (Packungsanleitung beachten).

Simpel

Andalusische Pilzpfanne

Zubereitungszeit: etwa 35 Minuten, ohne Marinierzeit, für 2 Personen.

Zutaten:

je 250 g möglichst kleine Champignons, Austernpilze und Shiitakepilze
frisch gepresster Saft von ½ Zitrone
2 Knoblauchzehen
½ Bund Petersilie
5 EL Olivenöl
Salz
frisch gemahlener Pfeffer

E: 10 g, F: 25 g, Kh: 14 g, kJ: 1280, kcal: 306, BE: 1,0

Zubereitung:

1. Champignons putzen, mit Küchenpapier abreiben, evtl. abspülen und trocken tupfen. Austernpilze putzen, mit Küchenpapier abreiben und in Streifen zupfen. Shiitakepilze putzen, Stängel flachschneiden, Pilze mit Küchenpapier abreiben und große Shiitakepilze halbieren oder vierteln. Alle drei Pilzsorten in einer Schüssel mit Zitronensaft beträufeln und etwa 10 Minuten zum Marinieren stehen lassen.

2. Inzwischen Knoblauchzehen abziehen und fein hacken. Petersilie abspülen, trocken tupfen, die Blättchen von den Stängeln zupfen und fein hacken.

3. Olivenöl in einer großen Pfanne erhitzen und die feingehackten Knoblauchzehen darin glasig dünsten.

4. Die marinierten Pilze hinzugeben und bei mittlerer Hitze 5–6 Minuten schmoren lassen, dabei ab und zu umrühren. Anschließend die Pilzpfanne bei großer Hitze kurz anbraten.

5. Pilzpfanne mit Salz und Pfeffer kräftig würzen, fein gehackte Petersilie unterrühren und dann alles sofort heiß servieren.

Dazu passt:

Baguette- oder Fladenbrot, so servieren Sie im Nu ein vegetarisches Hauptgericht.

Tipp:

Wer es gerne würzig-säuerlich mag, kann die Pilzpfanne zusätzlich mit 1–2 Teelöffeln frisch gepresstem Zitronensaft abschmecken.

Variante:

Für eine **Champignon-Sahne-Pfanne** (2 Personen) statt der Austern- und Shiitakepilze möglichst kleine Champignons (750 g) verwenden. Pilze putzen und ganz lassen (größere Pilze halbieren oder vierteln). 1 Zwiebel abziehen, fein würfeln. 40 g Butterschmalz in einer Pfanne erhitzen. Zwiebelwürfel darin unter Rühren dünsten. Pilze hinzugeben und unter gelegentlichem Rühren bei mittlerer Hitze braten, mit Salz und Pfeffer kräftig würzen. 125 g Schlagsahne und 1–2 Esslöffel Crème fraîche hinzugeben und bei schwacher Hitze erwärmen. Zutaten mit Salz und Pfeffer abschmecken. Mit 1 Esslöffel Schnittlauchröllchen bestreuen. Mit Toast- oder Baguettebrot servieren. Wem die Sauce zu flüssig ist, rührt etwas hellen Saucenbinder unter (Packungsanleitung beachten). Nach Belieben die Sauce mit etwas Zitronensaft abschmecken.

Kleine Warenkunde:

Speisepilze werden bei uns das ganze Jahr über gezüchtet oder werden saisonal geerntet. Austernpilze, Champignons (weiß, rosé oder braun), Morcheln, Pfifferlinge, Shiitakepilze und Steinpilze zählen zu den bekanntesten Vertretern.

Züricher Geschnetzeltes

Zubereitungszeit: etwa 25 Minuten,
für 2 Personen.

Zubereitung:

1. Zwiebel abziehen und fein würfeln. Kalbfleisch mit Küchenpapier trocken tupfen und in sehr dünne, teelöffelgroße Scheiben schneiden. Fleisch mit Mehl bestäuben.

2. In einer beschichteten, großen Pfanne die Hälfte von dem Butterschmalz oder Öl erhitzen. Fleischscheiben darin 2–3 Minuten braten, dabei gelegentlich umrühren und darauf achten, dass das Fleisch nicht zu braun wird. Fleisch aus der Pfanne nehmen, in einer Schüssel warm stellen und mit einem Teller zudecken.

3. Restliches Bratfett erhitzen. Die Zwiebelwürfel darin etwa 3 Minuten goldgelb dünsten und mit Weißwein ablöschen.

4. Sahne und Fleischscheiben hinzufügen, mit Salz, Pfeffer und Zucker würzen. Geschnetzeltes in der Sauce erwärmen, nicht mehr kochen lassen, sonst wird das Fleisch hart. Das Geschnetzelte mit den Gewürzen und etwas Zitronensaft abschmecken.

Dazu passt:

Reis oder Kartoffelrösti (TK-Ware) mit Blattsalat.

Tipp:

Sie können zusätzlich 100 g geputzte, in Scheiben geschnittene Champignons mit den Zwiebelwürfeln andünsten. Dann wie im Rezept beschrieben fortfahren. Wenn Sie das Rezept verdoppeln wollen, achten Sie darauf, dass das Fleisch dann portionsweise angebraten werden sollte, so wird es gleichzeitig gar und nicht zu braun. Anstelle von Kalbfleisch können Sie auch Schweine- oder Geflügelfleisch verwenden.

Variante I:

Für **Geschnetzeltes mit Kräutern** 1½– 2 Esslöffel frisch gehackte Kräuter (z.B. Schnittlauch, Petersilie, Kerbel) oder ½–1 Teelöffel getrocknete Kräuter (z.B. Thymian) mit zur Sahne geben und erhitzen.

Variante II:

Für **Geschnetzeltes mit Tomaten** den Weißwein durch 4–5 Esslöffel Tomatenwürfel (Tetra Pak®) ersetzen. Tomatenwürfel zu den angedünsteten Zwiebelwürfeln geben, dann Sahne und Fleisch hinzufügen und mit den Gewürzen erwärmen.

Zutaten:

1 mittelgroße Zwiebel
300 g mageres Kalbfleisch aus der Keule
1 gestr. EL Weizenmehl
20 g Butterschmalz oder 2 EL Speiseöl
5 EL (60 ml) Weißwein
125 g Schlagsahne
Salz
frisch gemahlener Pfeffer
1 Prise Zucker
evtl. ½–1 TL frisch gepresster Zitronensaft

E: 34 g, F: 32 g, Kh: 6 g,
kJ: 2003, kcal: 479, BE: 0,5

Klassiker – mit Alkohol

Putenstreifen „Scheherazade“

Einfach, schnell und lecker

Zubereitungszeit: etwa 25 Minuten, für 2 Personen.

Zubereitung:

1. Putenschnitzel unter fließendem kalten Wasser abspülen, trocken tupfen und in fingerdicke Streifen schneiden. Zitronen heiß abwaschen und abtrocknen. Von einer halben Zitrone die Schale fein abreiben. Die restliche Schale mit einem scharfen Messer so abschneiden, dass die weiße Haut mitentfernt wird. Die Zitronenfilets herausschneiden. Abgeriebene Zitronenschale und -filets beiseitestellen.

2. Zwiebeln abziehen, halbieren und die Hälften in Spalten schneiden. Thymianstängel abspülen, trocken tupfen und einige Stängel zum Garnieren beiseitelegen. Von den restlichen Stängeln die Blättchen abzupfen.

Zutaten:

2 Putenschnitzel (je etwa 150 g)
2 Bio-Zitronen (unbehandelt, ungewachst)
2 mittelgroße, rote Zwiebeln
8 Stängel Zitronenthymian
2 EL abgezogene, ganze Mandeln
4 EL Olivenöl
Salz
frisch gemahlener Pfeffer

E: 40 g, F: 30 g, Kh: 8 g,
kJ: 1962, kcal: 469, BE: 0,5

3. Mandeln im Wok oder in einer beschichteten Pfanne ohne Öl unter gelegentlichem Rühren leicht bräunen, herausnehmen und auf einem Teller erkalten lassen.

4. Die zweite Zitrone mit Schale vierteln und die Viertel in Stücke schneiden. Öl im Wok oder der Pfanne erhitzen und die Zitronenstücke bei mittlerer Hitze anbraten, bis sie gut gebräunt sind. Die Zitronenstücke mit dem Öl in ein Sieb geben, dabei das Öl auffangen.

5. Das Zitronenöl wieder in den Wok oder in die Pfanne geben, erhitzen und die Fleischstreifen darin unter Rühren bei mittlerer Hitze anbraten. Mit Salz und Pfeffer würzen. Die Zwiebelspalten zufügen und unter Rühren kurz mitdünsten. Gebräunte Mandeln mit 1 Messerspitze abgeriebener Zitronenschale und abgezupften Thymianblättchen hinzugeben und umrühren.

6. Die Zutaten mit Salz, Pfeffer und etwas Zitronenschale abschmecken, auf Tellern anrichten und mit beiseite gestellten Zitronenfilets und Thymianzweigen garnieren.

Tipp:

Wenn Sie keine abgezogenen, ganzen Mandeln erhalten, die Mandeln kurz in kochendes Wasser legen, abgießen und die Schale von den Mandeln lösen – das geht ganz einfach. Wer dazu keine Lust hat, nimmt stattdessen 2 Esslöffel Mandelsplitter; diese sind bereits geschält.

Beilage:

Ofenwarmes Fladenbrot, Reis oder Spanische Zitronenkartoffeln mit grünem Blattsalat.

Variante:

Für **Orientalische Schnitzelstreifen** (2 Personen) statt Pute 2 Schweineschnitzel (je etwa 150 g) verwenden. Außerdem die roten Zwiebeln durch 3–4 Schalotten ersetzen. Wie im Rezept beschrieben alles zubereiten und garen.

Kartoffel-Tortilla
Ganz einfach

Zubereitungszeit: 40 Minuten,
Backzeit: 15–20 Minuten, für 2 Personen

Zutaten:

400 g festkochende Kartoffeln
1 kleine Zwiebel
1–2 Knoblauchzehen
1 kleine, rote Paprikaschote (etwa 150 g)
4 Stängel Petersilie
2 EL Olivenöl
2 Eier (Größe M)
125 g Speisequark (40 % Fett)
Salz
frisch gemahlener Pfeffer

E: 18 g, F: 23 g, Kh: 31 g,
kJ: 1751, kcal: 418, BE: 2,0

Zubereitung:

1. Kartoffeln waschen, schälen, abspülen, abtrocknen und in kleine Würfel schneiden. Zwiebel und Knoblauchzehen abziehen. Zwiebel fein würfeln, Knoblauchzehen durch eine Knoblauchpresse drücken oder ebenfalls fein würfeln.

2. Paprikaschote halbieren, entstielen, entkernen und die weißen Scheidewände entfernen. Schote waschen, trocken tupfen und in kleine Würfel schneiden. Petersilie abspülen, trocken tupfen und die Blättchen von den Stängeln zupfen. Blättchen fein hacken.

3. Olivenöl in einer großen, backofengeeigneten Pfanne erhitzen und die Kartoffelwürfel rundherum in etwa 8 Minuten bei mittlerer Hitze anbraten. Zwiebel- und Knoblauchwürfel hinzugeben und kurz mitbraten. Anschließend zugedeckt etwa 10 Minuten garen, gelegentlich umrühren. Den Backofen vorheizen.

4. In der Zwischenzeit die Eier trennen. In einer Schüssel den Quark mit dem Eigelb kräftig verrühren. Das Eiweiß mit Handrührgerät und Rührbesen auf höchster Stufe halb steif schlagen und unter die Eigelb-Quark-Masse heben.

5. Paprikawürfel und ⅔ der Petersilie (restliche Petersilie beiseitelegen) unter die Kartoffeln rühren. Alles mit Salz und Pfeffer würzen. Quarkmasse über die Kartoffeln gießen.

6. Die Pfanne auf dem Rost auf der mittleren Schiene in den vorgeheizten Backofen schieben.

Ober-/Unterhitze: etwa 220 °C
Heißluft: etwa 200 °C
Backzeit: 15–20 Minuten.

7. Tortilla herausnehmen und mit beiseite gelegter Petersilie bestreut servieren.

Variante I:

Für eine **Tortilla mit Garnelen** (1–2 Personen) 1 Packung (300 g) TK-Garnelen nach Packungsanleitung auftauen. 250 g festkochende Kartoffeln waschen, schälen, abspülen und in Scheiben schneiden. Je ½ rote und gelbe Paprikaschote entstielen, entkernen, die weißen Scheidewände entfernen. Schoten waschen, abtropfen lassen und in feine Streifen schneiden. 1 kleine Zucchini waschen, abtrocknen und die Enden abschneiden. Zucchini in Scheiben schneiden. In einer großen Pfanne 1½ Esslöffel Olivenöl erhitzen und die Kartoffelscheiben darin bei mittlerer Hitze in etwa 15 Minuten unter gelegentlichem Rühren braten. Kartoffeln herausnehmen und abgedeckt warm stellen. 2 Esslöffel Olivenöl in die Pfanne geben, Paprikastreifen und Zucchinischeiben darin andünsten. Gedünstetes Gemüse zu den Kartoffeln geben. 3 Eier (Größe M) mit 8 Esslöffeln Schlagsahne in einer Rührschüssel verrühren und mit Salz würzen. Aufgetaute Garnelen unter fließendem kalten Wasser abspülen und trocken tupfen. Garnelen mit 2 Esslöffeln Tomatenstücke (Tetra Pak®) zu der Kartoffel-Gemüse-Masse geben und kurz unterheben. Eiersahne hinzugießen und die Tortilla zugedeckt bei schwacher Hitze etwa 10 Minuten stocken lassen. Mit 1 Esslöffel Schnittlauchröllchen und Chiliflocken bestreut servieren.

Variante II:

Für **Tortilla vom Blech** (8–10 Personen) 2 kg festkochende Kartoffeln waschen, schälen und in dünne Scheiben schneiden. 2 Esslöffel Öl in einer großen Pfanne erhitzen. Die Hälfte der Kartoffelscheiben hineingeben und mit Salz und Pfeffer bestreuen. Die Pfanne mit Deckel zudecken und 20–25 Minuten braten, zwischendurch umrühren. Kartoffelscheiben auf ein gefettetes, tiefes Backblech geben. Dann 2 weitere Esslöffel Öl erhitzen und die übrigen Kartoffelscheiben ebenso garen und auf das Backblech geben. In der Zwischenzeit 3 rote Paprikaschoten halbieren, entstielen, entkernen, die weißen Scheidewände entfernen. Schoten waschen, abtropfen lassen und in Würfel schneiden. 3 Bund Frühlingszwiebeln putzen, waschen, abtropfen lassen und in dünne Scheiben schneiden. 3 Zucchini waschen, abtrocknen, die Enden abschneiden, Zucchini in dünne Scheiben schneiden. Backofen vorheizen. 2 Esslöffel Öl in einer großen Pfanne erhitzen, das vorbereitete Gemüse hinzugeben und bei mittlerer Hitze unter gelegentlichem Rühren in etwa 10 Minuten bissfest dünsten. Das Gemüse mit Salz und Pfeffer bestreuen und unter die Kartoffelscheiben rühren. 12 Eier (Größe M) mit 750 g Sahne in einer Rührschüssel verschlagen. Mit Salz und Pfeffer würzen. 2 Bund Schnittlauch abspülen, trocken tupfen und in feine Röllchen schneiden. Schnittlauchröllchen unter die Eiersahne rühren und über die Kartoffel-Gemüse-Masse gießen. Das Backblech in den vorgeheizten Backofen schieben. Bei **Ober-/Unterhitze:** etwa 180 °C, **Heißluft:** etwa 160 °C 35–40 Minuten backen.

Für Freunde

Zubereitungszeit: etwa 90 Minuten,
für 8–10 Personen.

Hähnchen-Paella

Zubereitung:

1. Frische Hähnchenschenkel kalt abspülen, trocken tupfen, enthäuten und im Gelenk halbieren. TK-Hähnschenschenkel nach Packungsanleitung auftauen lassen und trocken tupfen. Zwiebeln und Knoblauchzehen abziehen und fein würfeln.

2. Die Hälfte des Öls in einer großen Pfanne erhitzen. Die Hälfte der Hähnchenstücke darin bei mittlerer Hitze etwa 12 Minuten braten, dabei gelegentlich wenden. Hähnchenstücke herausnehmen und in einen großen, hohen Topf geben. Übriges Fleisch in dem restlichen Öl anbraten und ebenfalls in den Topf geben.

3. Inzwischen Tomaten abspülen, kreuzweise einschneiden und kurz in kochendes Wasser legen. Anschließend in kaltem Wasser abschrecken, enthäuten und die Stängelansätze entfernen. Tomaten in Stücke schneiden. Paprikaschoten halbieren, entstielen, entkernen und die weißen Scheidewände entfernen. Schoten waschen, trocken tupfen und in Stücke schneiden. Die Blätter vom Blumenkohl und schlechte Stellen entfernen, den Strunk abschneiden. Blumenkohl in Röschen teilen, waschen und abtropfen lassen.

4. Zwiebel- und Knoblauchwürfel im restlichen Bratfett andünsten. Risottoreis einstreuen und unter Rühren so lange anbraten, bis er glasig ist. Zwiebel-Knoblauch-Reis mit Tomaten-, Paprikastücken und Blumenkohlröschen zum Fleisch in den Topf geben, mit Salz und Pfeffer würzen. Safran unterrühren.

5. Hühnerbrühe hinzugießen und zum Kochen bringen. Alles zugedeckt bei schwacher Hitze 30–40 Minuten kochen lassen, bis die Flüssigkeit verdampft und der Reis weich ist. Gelegentlich umrühren. Hähnchen-Paella mit Salz und Pfeffer abschmecken.

Variante:

Für eine **Meeresfrüchte-Paella** (8–10 Personen) 3 Esslöffel Olivenöl in einem großen Topf erhitzen. 400 g Langkornreis einstreuen und unter Rühren so lange anbraten, bis er glasig ist. 800 ml Gemüsebrühe hinzugießen, zum Kochen bringen und den Reis bei kleiner Hitze zugedeckt etwa 20 Minuten quellen lassen, bis die Flüssigkeit verdampft und der Reis gar ist. In der Zwischenzeit 4 Zwiebeln und 4 Knoblauchzehen abziehen, beides fein würfeln. Je 2 rote und grüne Paprikaschoten halbieren, entstielen, entkernen und die weißen Scheidewände entfernen. Schoten waschen, trocken tupfen und in dünne Streifen schneiden. In einer großen Pfanne 4 Esslöffel Olivenöl erhitzen. Zwiebel- und Knoblauchwürfel darin andünsten. Paprikastreifen zugeben und mitdünsten. Dann das angedünstete Gemüse in einen großen, hohen Topf geben, ¼ l (250 ml) Gemüsebrühe zugießen und bei schwacher Hitze 6–8 Minuten kochen lassen. In der Zwischenzeit 200 g Chorizo in kleine Würfel schneiden. 1 Dose Gemüsemais (Abtropfgewicht 285 g), 2 kleine Dosen Muschelfleisch und 1 Packung Shrimps (Abtropfgewicht 250 g, aus dem Kühlregal) abtropfen lassen. Chorizowürfel, Mais, Muschelfleisch, Shrimps, 200 g TK-Erbsen (unaufgetaut) und 6 Esslöffel (etwa 75 ml) trockenen Weißwein zu dem gedünsteten Gemüse geben, alles unter Rühren erhitzen. Gegarten Reis mit 0,4 g gemahlenem Safran zufügen, unterrühren und alles 4–5 Minuten bei schwacher Hitze erwärmen. Meeresfrüchte-Paella mit Pfeffer und 2 Prisen Cayennepfeffer würzen. Je 1 Bund gehackten Basilikum und Zitronenmelisse unter die Paella heben.

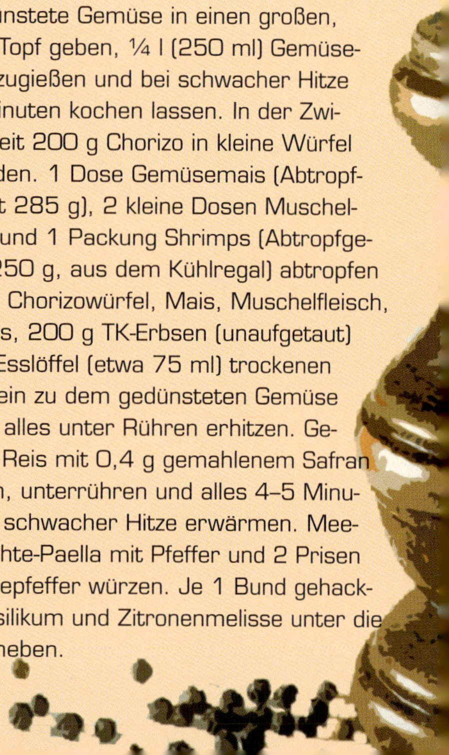

Zutaten:

8–10 Hähnchenschenkel (je 200–250 g) oder TK-Hähnchenschenkel
4 Zwiebeln
4 Knoblauchzehen
8 EL Speiseöl, z.B. Sonnenblumen- oder Olivenöl
8 Tomaten (etwa 550 g)
4 rote Paprikaschoten
1 großer Blumenkohl (etwa 1 kg)
400 g italienischer Risottoreis, z.B. Arborio, Vialone oder Avorio
Salz
frisch gemahlener Pfeffer
0,6 g gemahlener Safran
etwa 1 l Hühnerbrühe

E: 40 g, F: 17 g, Kh: 41 g,
kJ: 2036, kcal: 487, BE: 3,0

Geschnetzeltes Rindfleisch „Asiatische Art"

Zubereitungszeit: etwa 45 Minuten, ohne Durchziehzeit, für 2 Personen.

Simpel

Zutaten:

2 Rumpsteaks (je etwa 200 g)
1 walnussgroßes Stück Ingwer
3–4 EL helle Sojasauce
1 TL Sambal Oelek
1 rote Paprikaschote (etwa 200 g)
200 g Zuckerschoten
200 g Sojabohnenkeimlinge
1 Knoblauchzehe
2 EL Speiseöl, z.B. Sonnenblumenöl
frisch gemahlener Pfeffer
Salz
1 Prise Zucker

E: 62 g, F: 23 g, Kh: 26 g,
kJ: 2376, kcal: 566, BE: 2,0

Zubereitung:

1. Rumpsteaks mit Küchenpapier trocken tupfen und in feine Streifen schneiden. Für die Marinade Ingwer schälen und sehr fein hacken. Mit Sojasauce und Sambal Oelek verrühren. Fleischstreifen in eine flache Schale legen, Marinade darübergießen, mit dem Fleisch vermengen und alles 20–30 Minuten durchziehen lassen.

2. In der Zwischenzeit Paprikaschote halbieren, entstielen, entkernen und die weißen Scheidewände entfernen. Schote waschen, trocken tupfen und in kleine Würfel schneiden. Von den Zuckerschoten die Enden abschneiden, die Schoten evtl. abfädeln, waschen und abtropfen lassen. Zuckerschoten schräg halbieren. Sojabohnenkeimlinge in ein Sieb geben, unter fließendem kalten Wasser abspülen und gut abtropfen lassen. Sprossen evtl. auf ein Küchentuch geben. Knoblauchzehe abziehen und durch eine Knoblauchpresse drücken oder fein hacken.

3. Öl in einem Wok oder in einer beschichteten Pfanne erhitzen. Die Fleischstreifen mit der Marinade bei großer bis mittlerer Hitze kräftig anbraten, dabei umrühren. Paprikawürfel, halbierte Zuckerschoten und Knoblauch hinzugeben und weitere 5–8 Minuten bei mittlerer Hitze garen. Gelegentlich umrühren. Kurz vor Ende der Garzeit die Sojabohnenkeimlinge hinzugeben, unterrühren und miterwärmen.

4. Rindfleisch mit Pfeffer, Salz und Zucker würzen.

Dazu passt:

Reis oder chinesische Eiernudeln.

Variante:

Für **Schweinefleisch süß-sauer**
(2 Personen) 400 g mageres Schweinefleisch (oder 2 Schweineschnitzel je etwa 200 g) mit Küchenpapier trocken tupfen und würfeln. Für die Marinade 2 Teelöffel Speisestärke mit 2 Esslöffeln heller Sojasauce und 1 Esslöffel Zitronensaft verrühren. Fleisch 20–30 Minuten in der Marinade ziehen lassen. Inzwischen 2 Möhren putzen, schälen, abspülen und abtropfen lassen. Möhren längs halbieren und in Scheiben schneiden. Von 2 kleinen Stangen Staudensellerie Wurzelenden und welke Blätter entfernen, die harten Außenfäden abziehen. Die Selleriestangen waschen, abtropfen lassen und in dünne Scheiben schneiden. 2–3 Frühlingszwiebeln putzen, waschen, abtropfen lassen und in feine Scheiben schneiden. 1 Bio-Orange (unbehandelt, ungewachst) waschen, abtrocknen, die Schale fein abreiben und beiseitestellen. Restliche Schale mit einem scharfen Messer so entfernen, dass die weiße Haut mitentfernt wird. Orangenfilets herausschneiden. 3–4 Stängel Koriander abspülen, trocken tupfen und die Blättchen von den Stängeln zupfen. Blättchen fein hacken. 2 Esslöffel Speiseöl in einem Wok oder in einer beschichteten Pfanne erhitzen und die Fleischwürfel mit der Marinade bei mittlerer bis großer Hitze unter ständigem Rühren kräftig anbraten. Vorbereitetes Gemüse hinzugeben und 5–8 Minuten mitgaren. Gelegentlich umrühren. Kurz vor Ende der Garzeit abgeriebene Orangenschale, Orangenfilets und Koriander unterrühren. Mit Sojasauce, Honig und Zitronensaft abschmecken.

Etwas aufwendiger

Zutaten:

125 g getrocknete Kichererbsen

150 ml Gemüsebrühe
1 kleine Gemüsezwiebel
1–2 Knoblauchzehen
½ Bund Petersilie
Salz
frisch gemahlener Pfeffer
gemahlener Kümmel
gemahlener Koriander
Paprikapulver edelsüß
½ EL gehackte Minze
20 g Speisestärke
1 Ei (Größe S)
etwa 1 l Speiseöl zum Frittieren, z. B. Sonnenblumenöl

E: 16 g, F: 32 g, Kh: 44 g, kJ: 2204, kcal: 526, BE: 3,0

Falafel (Kichererbsen-bällchen)

Zubereitungszeit: etwa 60 Minuten, für 2 Personen.

Zubereitung:

1. Kichererbsen am Vorabend in eine Schüssel geben, mit Wasser bedecken und über Nacht quellen lassen.

2. Am nächsten Tag die gequollenen Kichererbsen in einem Sieb abgießen und etwas abtropfen lassen. Anschließend die Kichererbsen mit Brühe in einen Topf geben, aufkochen lassen und mit Deckel bei mittlerer Hitze etwa 25 Minuten garen. Dann in ein Sieb geben und abtropfen lassen.

3. Inzwischen Gemüsezwiebel und Knoblauchzehen abziehen, beides grob würfeln. Petersilie abspülen, trocken tupfen und die Blättchen von den Stängeln zupfen. Abgetropfte Kichererbsen, Zwiebel-, Knoblauchwürfel und Petersilienblättchen fein pürieren.

4. Die Masse mit Salz, Pfeffer, Kümmel, Koriander, Paprikapulver und Minze pikant abschmecken. Speisestärke und Ei zufügen, nochmals kurz pürieren.

5. Mit den Händen etwa 18 gleich große Bällchen aus der Kichererbsenmasse formen. Öl in einem hohen Topf erhitzen. Das Öl hat dann die richtige Temperatur erreicht, wenn sich an einem ins Fett gehaltenen Holzlöffel kleine Bläschen bilden. Die Kichererbsenbällchen portionsweise 2–3 Minuten in dem Öl goldbraun frittieren, dabei evtl. wenden. Anschließend mit einer Schaumkelle herausnehmen, auf Küchenpapier abtropfen lassen und warm stellen.

Tipp:

Zu den frittierten Kichererbsenbällchen schmeckt ein Kräuterdip, Kräuterquark oder Tsatsiki, diese gibt es fertig zu kaufen (im Kühlregal).

Variante:

Falafel-Tasche (Foto, für 2 Personen, ergibt 4 Taschen). Hierfür die Kichererbsenmasse wie im Rezept beschrieben zubereiten. Statt der kleinen Bällchen 4 flache Frikadellen formen. 1½ Esslöffel Speiseöl in einer großen Pfanne erhitzen und die Frikadellen bei mittlerer Hitze je Seite etwa 3 Minuten goldbraun braten. Frikadellen herausnehmen und abkühlen lassen. 4 Pita-Taschen aus Weizenmehl (Fertigprodukt) nach Packungsanleitung rösten, kurz abkühlen lassen und in der Mitte aufschneiden. Pita-Taschen mit 4 Esslöffeln Kräuterquark oder Tsatsiki (aus dem Kühlregal), 4 vorbereiteten Salatblättern, Kichererbsenfrikadellen und 2 vorbereiteten, in Scheiben geschnittenen Tomaten füllen.

Dazu passt:

Champignon-Zucchini-Salat (für 2 Personen). Hierfür 200 g Champignons putzen, mit Küchenpapier abreiben und in sehr dünne Scheiben schneiden. 1 kleine Zucchini abspülen, abtropfen lassen, die Enden abschneiden. Zucchini in dünne Scheiben schneiden. 1 Knoblauchzehe abziehen und durch eine Knoblauchpresse drücken. Für die Sauce den Saft von 1 Zitrone, mit ½ Teelöffel Zucker, 1 Teelöffel mittelscharfem Senf und Pfeffer verrühren. Nach und nach 100 g Schlagsahne unterschlagen und die Sauce mit Salz abschmecken. Etwa 15 Basilikumblättchen abspülen, trocken tupfen und die Hälfte der Blättchen in Streifen schneiden. Champignon-, Zucchinischeiben, Knoblauch und Basilikumstreifen mit der Sauce vermengen. Den Champignon-Zucchini-Salat mit den restlichen Basilikumblättchen garnieren.

Zubereitung:

1. Für die Tandoori-Spieße die Hähnchenbrustfilets unter fließendem kalten Wasser abspülen, trocken tupfen und in dünne, flache Streifen schneiden. Die Fleischstreifen wellenförmig auf die Holzspieße stecken.

2. Joghurt und Gewürzmischung in einer Schüssel verrühren. Das Fleisch in eine flache Schale legen, mit der Joghurt-Tandoori-Mischung bestreichen und mit Frischhaltefolie zugedeckt im Kühlschrank etwa 1 Stunde durchziehen lassen.

3. Den Backofen vorheizen. Für den Dip Knoblauchzehen abziehen, durch eine Knoblauchpresse drücken oder sehr fein hacken und zu dem Joghurt geben. Mit Zitronensaft, Salz und Pfeffer würzen.

4. Die Spieße auf ein Backblech (mit Backpapier belegt) legen, nochmals mit der Joghurt-Gewürz-Mischung bestreichen. Das Backblech in den vorgeheizten Backofen schieben.

Ober-/Unterhitze: etwa 200 °C
Heißluft: etwa 180 °C
Backzeit: etwa 15 Minuten.

5. Nach etwa der Hälfte der Backzeit die Spieße wenden, nach Belieben nochmals mit der Joghurt-Gewürz-Mischung bestreichen, dann bei der **oben angegebenen Backofeneinstellung** weitergaren.

6. Die Spieße herausnehmen und mit dem Knoblauch-Dip servieren.

Tipp:

Die Holzspieße evtl. in kaltem Wasser einweichen, damit sie aufquellen und nicht splittern. Das Fleisch lässt sich besonders gut schneiden, wenn Sie es vorher etwa 2 Stunden in das Gefrierfach legen.

Dazu passt:

Für **Couscous mit Gemüse** (8–10 Personen) 5 Knoblauchzehen und 5 Zwiebeln abziehen und beides in feine Würfel schneiden. 750 g Zucchini und 1 kg Auberginen waschen, abtrocknen, die Enden abschneiden. Vorbereitetes Gemüse in etwa 1½ cm große Würfel schneiden. 750 g Kürbis in Spalten schneiden, schälen, Kerne entfernen. Kürbisfleisch abspülen, abtropfen lassen und würfeln. 600 g Möhren putzen, schälen, abspülen und ebenfalls in Würfel schneiden. 12–15 Fleischtomaten waschen, abtrocknen und Stängelansätze herausschneiden. Tomaten in Würfel schneiden. In einem großen, weiten Topf 8 Esslöffel Olivenöl erhitzen, Knoblauch und Zwiebeln darin andünsten. Zucchini, Auberginen, Kürbis, Möhren und Tomaten hinzufügen. Mit Salz, Pfeffer, etwas gemahlenem Zimt, 1 gestrichenem Esslöffel Paprikapulver edelsüß, 2–3 Esslöffeln Harissa (afrikanische Gewürzpaste), gemahlenen Nelken (oder Piment) und Kreuzkümmel würzen, etwa 15 Minuten bei schwacher Hitze zugedeckt schmoren lassen, dabei ab und zu umrühren. Dann 750 g Couscous mit 900 ml heißer Gemüsebrühe übergießen und im geschlossenen Topf bei schwacher Hitze 15 Minuten quellen lassen. Couscous mit 2 Gabeln auflockern, auf Tellern oder in Schüsseln verteilen und das Gemüse darübergeben. Nach Belieben Couscous mit 4 Esslöffeln gehackter Petersilie überstreuen.

Zutaten:

Für die Tandoori-Spieße:
1½–2 kg Hähnchenbrustfilets
450 g Joghurt (3,5 % Fett)
4–4½ EL Tandoori-Gewürzmischung (aus dem Glas)

Für den Knoblauch-Dip:
2–3 Knoblauchzehen
300 g Joghurt (3,5 % Fett)
3–4 EL frisch gepresster Zitronensaft
Salz
frisch gemahlener Pfeffer

Außerdem:
etwa 40 Holzspieße

E: 49 g, F: 4 g, Kh: 5 g,
kJ: 1131, kcal: 271, BE: 0,5

Exotisch

Tandoori-Spieße

Zubereitungszeit: 45 Minuten, ohne Durchziehzeit,
Backzeit: etwa 15 Minuten, für 8–10 Personen.

Texas Auflauf

Zubereitungszeit: 30 Minuten, ohne Antauzeit,
Garzeit: etwa 40 Minuten, für 2 Personen.

Macht richtig satt

Zutaten:

375 g TK-Kartoffel-Wedges (Kartoffelspalten)
150 g TK-Brechbohnen
½ Dose Kidney-Bohnen (Abtropfgewicht 250 g)
1 kleine Dose Gemüsemais (Abtropfgewicht 140 g)
je ½ kleine, rote und grüne Paprikaschote (je etwa 150 g)
Salz

Für den Guss:
150 g Schlagsahne
150 ml Milch
2 Eier (Größe M)
Salz
frisch gemahlener Pfeffer
½ gestr. TL Paprikapulver edelsüß
Cayennepfeffer

E: 26 g, F: 46 g, Kh: 76 g,
kJ: 3509, kcal: 839, BE: 6,0

Zubereitung:

1. Kartoffel-Wedges und Bohnen aus der Packung nehmen und antauen lassen. Kidney-Bohnen in ein Sieb geben, kurz kalt abspülen und gut abtropfen lassen. Mais ebenfalls in einem Sieb abtropfen lassen.

2. Paprikahälften entstielen, entkernen und die weißen Scheidewände entfernen. Schoten waschen, abtrocknen und in Würfel schneiden. Wasser mit etwas Salz in einem Topf zum Kochen bringen. Paprikawürfel und Brechbohnen hinzufügen, 2–3 Minuten kochen lassen. Anschließend in ein Sieb geben und gut abtropfen lassen. Den Backofen vorheizen.

3. Für den Guss Sahne mit Milch und Eiern gut verrühren. Mit Salz, Pfeffer, Paprikapulver und Cayennepfeffer würzen.

4. Kartoffel-Wedges mit Kidney-Bohnen, Gemüsemais, Brechbohnen und Paprikawürfeln vermengen. Vorbereitete Zutaten in eine gefettete Auflaufform geben und mit der Eiersahne übergießen. Die Form auf dem Rost in den vorgeheizten Backofen schieben.

Ober-/Unterhitze: etwa 200 °C
Heißluft: etwa 180 °C
Garzeit: etwa 40 Minuten.

Dazu passt:

Grüner Salat und Graubrot (in Scheiben) oder Roggenbrötchen.

Tipp:

Es lohnt sich auch für den kleinen Haushalt Salat einzukaufen und zuzubereiten. Greifen Sie entweder auf fertig abgepackte Salate zurück oder bereiten Sie Salat „auf Vorrat" zu. Frischen Blattsalat wie Lollo Rossa, Lollo Bionda, Eichblattsalat, Feldsalat etc. putzen, waschen, trocken schleudern und evtl. in Stücke zupfen. Die Salatmenge, die zu viel ist, zum Aufbewahren in einen großen Plastikbeutel geben, etwas Luft hineinblasen, den Beutel fest verschließen und im Gemüsefach des Kühlschrankes aufbewahren. So bleibt der Salat 2–3 Tage länger frisch, als wenn man ihn lose im Durchschlag oder in einer Schüssel aufbewahrt. Übrigen Salat mit einer Marinade aus 1½ Esslöffeln Kräuteressig, Salz, Zucker, frisch gemahlenem Pfeffer, 3 Esslöffeln Speiseöl, ½ Esslöffel gehackten Kräutern vermengen. Nach Belieben ½ klein gewürfelte Zwiebel unterrühren. Für 4 Personen lässt sich das Rezept problemlos verdoppeln.

Abwandlung:

Für einen **Texanischen Hackfleischauflauf** (2 Personen) den Auflauf mit Hackfleisch statt mit Kartoffel-Wedges zubereiten. Dafür 400 g Rindergehacktes in 1½ Esslöffeln Olivenöl anbraten, Gehacktes dabei mit einer Gabel zerdrücken. 1 kleine, abgezogene, in Würfel geschnittene Zwiebel mitbraten. Hackfleisch mit Salz, Pfeffer und Chilipulver würzen. Abgetropfte Kidney-Bohnen und Gemüsemais sowie gekochte Brechbohnen und Paprikawürfel daruntermischen. Die Masse in eine gefettete Auflaufform geben und mit dem Guss übergießen. Den Auflauf **bei der im Rezept angegebenen Backofeneinstellung etwa 30 Minuten** garen.

Schwedische Köttbullar

Fast wie im Möbelhaus

Zubereitungszeit: etwa 35 Minuten, ohne Quellzeit, für 1–2 Personen.

Zubereitung:

1. Semmelbrösel mit Milch in einer kleinen Schüssel gut verrühren und etwa ½ Stunde quellen lassen.

2. Zwiebel schälen und auf der Haushaltsreibe fein reiben oder sehr fein hacken. Gurken in feine Würfel schneiden. Gehacktes mit Semmelbröselmasse, geriebener Zwiebel, Salz, Pfeffer und Ei zu einem geschmeidigen Teig verarbeiten.

3. Aus der Gehacktes-Masse mit angefeuchteten Händen walnussgroße Bällchen formen.

4. Öl in der Pfanne erhitzen. Die kleinen Köttbullar von beiden Seiten darin unter gelegentlichem Wenden bei mittlerer Hitze 8–10 Minuten braten. Köttbullar aus der Pfanne nehmen und zugedeckt warm stellen.

5. Sahne mit gewürfelten Gurken und -saft ins restliche Bratfett geben, aufkochen und etwa 2 Minuten einkochen lassen. Sauce mit Salz und Pfeffer würzen. Köttbullar in die Sauce geben und dann kurz darin erwärmen.

Dazu passt:

Salzkartoffeln oder Reis mit Blattsalat.

Tipp:

Statt eingelegter Gurken Perlzwiebeln oder Senffrüchte verwenden. Noch preiswerter wird es, wenn Sie statt Rindergehacktes ersatzweise halb Rinder-, halb Schweinegehacktes nehmen.

Variante:

Für einen **Köttbullarauflauf** (2 Personen) zunächst 1 Zwiebel abziehen und sehr fein hacken. 300 g Rindergehacktes mit der Zwiebel, 1 kleinem Ei (Größe S) und 1 Esslöffel Semmelbrösel in eine Schüssel geben und gut vermengen. Gehacktes-Masse mit Salz und Pfeffer würzen. Aus der Masse mit angefeuchteten Händen 4 flache Köttbullar formen. Backofen vorheizen. 1½ Esslöffel Speiseöl in einer Pfanne erhitzen. Die Köttbullar von beiden Seiten darin unter gelegentlichem Wenden bei mittlerer Hitze etwa 10 Minuten braten. Eine kleine Auflaufform einfetten. 6 Cocktailtomaten waschen und abtrocknen. 400 g kleine, gegarte Kartoffeln (vom Vortag) pellen, je nach Größe halbieren oder vierteln. Kartoffeln mit den Köttbullar und den ganzen Cocktailtomaten in der Auflaufform verteilen. 1 Becher (150 g) Crème fraîche mit 100 g Schlagsahne, 2 Eiern (Größe S) und 1 Esslöffel Schnittlauchröllchen verrühren. Sahneguss mit Salz, frisch gemahlenem Pfeffer und Paprikapulver edelsüß würzen, über die Köttbullar und das Gemüse gießen, 3–4 Esslöffel geriebenen Gouda-Käse darüberstreuen. Die Form auf dem Rost in den vorgeheizten Backofen schieben (**Ober-/Unterhitze:** etwa 180 °C, **Heißluft:** etwa 160 °C, **Backzeit:** etwa 35 Minuten).

Zutaten:

50 g Semmelbrösel
125 ml (⅛ l) Milch
1 Zwiebel
2 Gewürzgurken
300 g Rindergehacktes
etwa ½ TL Salz
frisch gemahlener Pfeffer
1 Ei (Größe S)
1½ EL Speiseöl, z.B. Sonnenblumenöl
etwa 150 g Schlagsahne
1 EL Gurkensaft (aus dem Glas)

E: 39 g, F: 58 g, Kh: 26 g,
kJ: 3349, kcal: 800, BE: 2,0

Zutaten:

6 gelbe Paprikaschoten (etwa 1,2 kg)
6 rote Zwiebeln
2 Dosen Artischockenherzen (Abtropfgewicht je 240 g)
250 g Cocktailtomaten
5 EL Olivenöl
Salz
frisch gemahlener Pfeffer
2 Gläser schwarze Oliven mit Stein (Abtropfgewicht je 85 g)

Für den Guss:
6 Eier (Größe M)
3 Becher (je 150 g) Crème fraîche
2–3 TL getrocknete, provenzalische Kräuter
2 Knoblauchzehen

Außerdem:
250 g Mozzarella-Käse
etwa 16–20 Baguettescheiben (je 1–2 cm dick)

E: 18 g, F: 39 g, Kh: 33 g, kJ: 2320, kcal: 556, BE: 2,0

Provenzalischer Gemüseauflauf

Für Gäste

Zubereitungszeit: 30 Minuten,
Garzeit: etwa 35 Minuten,
für 8–10 Personen.

Zubereitung:

1. Paprikaschoten halbieren, entstielen, entkernen, die weißen Scheidewände entfernen. Schoten waschen, abtrocknen und in Stücke schneiden. Zwiebeln abziehen und in Scheiben oder Spalten schneiden. Artischocken in einem Sieb gut abtropfen lassen und halbieren. Tomaten waschen, abtrocken und halbieren und die Stängelansätze entfernen. Backofen vorheizen.

2. 1½ Esslöffel von dem Öl in einer großen Pfanne erhitzen. Die Hälfte der Paprikastücke und Zwiebelscheiben oder -spalten darin unter Wenden bei mittlerer Hitze etwa 6 Minuten dünsten. Mit Salz und Pfeffer würzen. Paprikastücke und Zwiebelscheiben herausnehmen und beiseitestellen. In der Pfanne erneut 1½ Esslöffel Öl erhitzen und die restlichen Paprikastücke und Zwiebelscheiben darin andünsten. Mit Salz und Pfeffer würzen.

3. Oliven in einem Sieb abtropfen lassen. Oliven mit gedünstetem Paprika-Zwiebelgemüse, Artischocken und Tomaten in einer großen, gefetteten Auflaufform vermengen.

4. In einer Schüssel für den Guss Eier mit Crème fraîche, Salz, Pfeffer und Kräutern verschlagen. Knoblauchzehen abziehen, durch eine Knoblauchpresse drücken oder fein hacken und hinzugeben. Den Guss über die vorbereiteten Zutaten gießen. Die Form auf dem Rost in den vorgeheizten Backofen schieben.

Ober-/Unterhitze: etwa 200 °C
Heißluft: etwa 180 °C
Garzeit: etwa 20 Minuten.

5. Mozzarella-Käse abtropfen lassen und in etwa 16–20 dünne Scheiben schneiden. Auflauf herausnehmen. Baguettescheiben dachziegelartig auf den Zutaten verteilen, mit restlichem Öl beträufeln und leicht salzen. Mozzarella darauf verteilen und mit etwas Pfeffer würzen. Auflauf **weitere 15 Minuten bei gleicher Backofeneinstellung** goldbraun fertig backen. Heiß servieren.

Tipp:

Typisch für die provenzalische Küche ist ein aromatischer Kräuter-Mix, der meistens aus getrocknetem Oregano, Thymian, Basilikum, Rosmarin, Salbei und Lavendelblüten besteht. Ebenso typisch für die karge Region im Süden Frankreichs ist Ziegenkäse. Je nach Geschmack können Sie diesen Auflauf auch mit mildem Ziegenfrischkäse (Ziegenrolle) oder Ziegenkäse-Talern zubereiten.

Simpel – für den Lernabend

Bunter Nudelauflauf mit Schinken

Zubereitungszeit: 45 Minuten,
Backzeit: etwa 45 Minuten,
für 8–10 Personen.

Zutaten:

5 l Wasser
Salz
750 g Nudeln, z. B. Farfalle, Spirelli
500 ml (½ l) Fleisch- oder Gemüsebrühe
2 Pck. (je 300 g) Italienisches TK-Pfannengemüse
4 Fleischtomaten
400 g gekochter Schinken
250 ml (¼ l) Milch
6 Eier (Größe M)
frisch gemahlener Pfeffer
1 Pck. (200 g) geriebener Mozzarella-Käse

E: 32 g, F: 14 g, Kh: 66 g,
kJ: 2233, kcal: 533, BE: 5,0

Zubereitung:

1. Den Backofen vorheizen. Wasser in einem großen, geschlossenen Topf zum Kochen bringen. 5 gestrichene Teelöffel Salz und Nudeln zugeben. Die Nudeln im geöffneten Topf bei mittlerer Hitze nach Packungsanleitung bissfest (al dente) kochen, dabei ab und zu umrühren. Anschließend die Nudeln in ein Sieb geben, mit heißem Wasser abspülen und abtropfen lassen.

2. Inzwischen Brühe in einem Topf zum Kochen bringen. Gefrorenes Pfannengemüse hinzugeben und etwa 2 Minuten darin garen. Pfannengemüse in der Brühe beiseitestellen.

3. Tomaten kreuzweise einschneiden und kurz in kochendes Wasser legen. Anschließend in kaltem Wasser abschrecken, enthäuten, halbieren, entkernen, Stängelansätze herausschneiden. Fruchtfleisch in Würfel schneiden. Schinken fein würfeln.

4. Milch mit Eiern, Salz und Pfeffer verquirlen. Tomaten- und Schinkenwürfel sowie das Gemüse mit der Brühe zu der Eiermilch hinzufügen. Eiermasse abwechselnd mit den Nudeln in eine große, gefettete Auflaufform einschichten. Mit Käse bestreuen. Die Form auf dem Rost in den vorgeheizten Backofen schieben.

Ober-/Unterhitze: etwa 180 °C
Heißluft: etwa 160 °C
Garzeit: etwa 45 Minuten.

Tipp:

Wer keine Zeit hat, die Tomaten selber zu häuten, kann die gleiche Menge Tomatenwürfel aus der Dose oder dem Tetra Pak® verwenden.
Anstatt die Sauce selbst herzustellen, kann auch ein Trockenfertigprodukt verwendet werden. Einfach nach Packungsanleitung zubereiten und über den Auflauf gießen.

Noch ein Tipp:

Wer keinen großen Topf zum Nudeln kochen hat, kocht die Nudeln in zwei Portionen. So klebt nichts zusammen. Falls nur eine kleine Auflaufform vorhanden ist: Eine Form vom Nachbarn leihen und die Nudel-Gemüse-Masse auf zwei Formen verteilen.

Variante:

Für einen **vegetarischen Nudelauflauf** den Schinken weglassen. Dafür 1 Dose abgetropften Gemüsemais (Abtropfgewicht 285 g) mit unterrühren.

Simpel – für Freunde

Auflauf von Ravioli

Zutaten:

4 Zwiebeln
80 g Butter
200 ml Milch
200 g Schlagsahne
6 Eigelb (Größe M)
Salz
frisch gemahlener Pfeffer
3 Dosen (je 800 g) Ravioli in Tomatensauce
150 g geriebener Gruyère-Käse
2 EL gehackte Kräuter, z.B. Petersilie, Schnittlauchröllchen

E: 14 g, F: 29 g, Kh: 44 g,
kJ: 2065, kcal: 491, BE: 3,5

Zubereitungszeit: 30 Minuten,
Backzeit: etwa 40 Minuten,
für 8–10 Personen.

Zubereitung:

1. Backofen vorheizen. Zwiebeln abziehen, halbieren und in feine Würfel schneiden. Butter in einem Topf zerlassen, Zwiebelwürfel darin andünsten, dabei ab und zu umrühren.

2. Milch und Sahne hinzugießen, alles einmal aufkochen lassen und etwa 5 Minuten bei schwacher Hitze einkochen lassen. Milchsahne etwa 5 Minuten abkühlen lassen.

3. Eigelb nach und nach unter die Milchsahne rühren. Mit Salz und Pfeffer abschmecken.

4. Ravioli in eine große, gefettete Auflaufform geben und die Eiersahne darübergießen. Mit dem geriebenen Käse bestreuen. Die Form auf dem Rost in den vorgeheizten Backofen schieben.

Ober-/Unterhitze: etwa 200 °C
Heißluft: etwa 180 °C
Garzeit: etwa 40 Minuten.

5. Auflauf herausnehmen, mit gehackten Kräutern bestreuen und sofort servieren.

Dazu passt:

Gemischter Blattsalat.

Tipp:

Wenn Sie die Sauce nicht selber machen möchten, können Sie auch ein Trockenfertigprodukt für Nudelaufläufe verwenden. Dafür die Sauce einfach nach Packungsanleitung zubereiten und über den Auflauf gießen.
Anstelle der frischen gehackten Kräuter schmecken auch TK-Kräuter. Bei guten Essern nach Belieben 1 Dose Ravioli mehr nehmen. Die Eiersahne bleibt gleich.

Lasagne

Zubereitungszeit: 75 Minuten,
Backzeit: etwa 45 Minuten, für 5–6 Personen.

Zutaten:

Für die Bologneser Sauce:
2 Zwiebeln
1 Knoblauchzehe
2 EL Olivenöl
300 g Thüringer Mett (gewürztes Schweinegehacktes)
2 Tetra Pak® (je 370 g) Tomatenstückchen
125 ml (⅛ l) Gemüse- oder Fleischbrühe
1 EL Tomatenmark
1 Lorbeerblatt
½ EL gehacktes Basilikum
Salz
Tabascosauce

Für die Béchamelsauce:
30 g Butter oder Margarine
25 g Weizenmehl
300 ml Milch
200 ml Gemüse- oder Fleischbrühe
175 g geriebener, mittelalter Gouda-Käse
Salz
frisch gemahlener Pfeffer
geriebene Muskatnuss

Außerdem:
12 Lasagneblätter (knapp 250 g), ohne Vorgaren

E: 27 g, F: 30 g, Kh: 43 g,
kJ: 2366, kcal: 565, BE: 3,0

Zubereitung:

1. Zwiebeln und Knoblauchzehe abziehen und würfeln.

2. Öl in einem Topf erhitzen. Das Mett darin unter Rühren anbraten, dabei die Klümpchen mit einer Gabel zerdrücken. Zwiebel- und Knoblauchwürfel hinzugeben und ebenfalls andünsten.

3. Die Tomatenwürfel mit Brühe, Tomatenmark, Lorbeerblatt und Basilikum zu dem Mett geben und etwa 5 Minuten köcheln lassen. Mit Salz und Tabascosauce abschmecken. Das Lorbeerblatt aus der Sauce entfernen. Den Backofen vorheizen.

4. Für die Béchamelsauce Butter oder Margarine in einem Topf zerlassen. Mehl unter Rühren so lange darin erhitzen, bis es hellgelb ist. Nach und nach Milch und Brühe hinzugießen und mit einem Schneebesen durchschlagen, dabei darauf achten, dass keine Klümpchen entstehen. Die Sauce einmal aufkochen. Ein Drittel von dem Käse unterrühren. Die Sauce mit Salz, Pfeffer und Muskatnuss kräftig würzen.

5. Auf den Boden einer eckigen, flachen, gefetteten Auflaufform (30 x 20 cm) etwas Bologneser Sauce geben, darauf 1 Schicht Lasagneblätter legen, dann wieder Bologneser Sauce daraufgeben und mit etwa 3 Esslöffeln Béchamelsauce beträufeln. Nacheinander wieder Lasagneblätter, Bologneser Sauce und Béchamelsauce einschichten, so dass 4 Lasagneschichten entstehen.

6. Die restliche Béchamelsauce auf die oberste Lasagneschicht streichen und mit dem restlichen Käse bestreuen. Die Form auf dem Rost in den vorgeheizten Backofen schieben.

Ober-/Unterhitze: etwa 200 °C
Heißluft: etwa 180 °C
Garzeit: etwa 45 Minuten..

Variante 1:

Spinat-Schafkäse-Lasagne (für 5–6 Personen): Dafür 3 Zwiebeln mit 3 Knoblauchzehen (beides gewürfelt) in 4 Esslöffeln Olivenöl andünsten. 600 g TK-Blattspinat mit 3 Esslöffeln Wasser zugeben, solange dünsten, bis der Spinat aufgetaut ist. Spinat mit Salz, Pfeffer und Muskat würzen. Eine Béchamelsauce aus 50 g Butter, 50 g Weizenmehl, je 750 ml (3/4 l) Milch und Gemüsebrühe herstellen und mit Salz, Pfeffer und Muskat abschmecken (s. Anleitung links). 300 g Schafkäse zerbröseln. Wie oben beschrieben alle Zutaten in eine gefettete Auflaufform einschichten. Dabei mit der Béchamelsauce beginnen, dann Lasagneblätter, Spinat, Schafkäse. Weiter einschichten, bis 4 Lasagneschichten entstanden sind. Mit restlicher Béchamelsauce abschließen. Mit 100 g geriebenem Gratin-Käse bestreuen. Auf dem Rost in den vorgeheizten Backofen schieben. Bei der oben angegebenen Backofeneinstellung etwa 35 Minuten backen.

Variante 2:

Für eine **Gemüse-Käse-Lasagne** (für 5–6 Personen) 450 g TK-Erbsen antauen lassen. 1 Dose (Abtropfgewicht 280 g) Gemüsemais abgießen. 3 Tomaten kurz in kochendes Wasser legen, enthäuten. Tomaten vierteln, entkernen, würfeln. Backofen vorheizen.

Eine Béchamelsauce aus 60 g Butter, 50 g Weizenmehl, 300 ml heißer Gemüsebrühe, 500 ml (1/2 l) Milch und 250 g Schlagsahne herstellen. 100 g geriebenen Gouda-Käse in der Sauce schmelzen lassen. Käse-Béchamelsauce mit 2–3 Teelöffeln Instant-Gemüsebrühe und Gewürzen abschmecken. 1/3 der Sauce beiseitestellen, Erbsen, Mais und Tomaten in die restliche Sauce geben, kurz erhitzen und abschmecken. Etwas von der Gemüse-Saucen-Mischung in eine gefettete Form geben, darauf eine Schicht Lasagneblätter. Weiter einschichten, bis 4 Lasagneschichten entstanden sind. Mit beiseite gestellter Sauce abschließen. Mit 100 g geriebenem Gouda-Käse bestreuen. Auf dem Rost in den vorgeheizten Backofen schieben. Bei oben angegebener Backofeneinstellung etwa 35 Minuten backen.

Richtig lecker

Grün-Weißer-Kohl-Auflauf

Zubereitungszeit: 40 Minuten, Backzeit: etwa 35 Minuten, für 2 Personen.

Zubereitung:

1. Backofen vorheizen. Vom Blumenkohl und Brokkoli die Blätter entfernen und den Strunk abschneiden. Blumenkohl und Brokkoli in Röschen teilen, abspülen und abtropfen lassen.

2. Wasser mit Salz in einem großen Topf zum Kochen bringen. Blumenkohl und Brokkoli hineingeben, zugedeckt etwa 5 Minuten kochen lassen, herausnehmen und in einem Sieb abtropfen lassen.

3. Zucchini abspülen, abtrocknen und die Enden abschneiden. Zucchini in Scheiben schneiden. Zucchinischeiben mit den Blumenkohl- und Brokkoliröschen in eine gefettete Auflaufform geben.

4. Für die Sauce Butter in einer Pfanne zerlassen, Schinkenwürfel darin andünsten. Mehl hinzufügen und unter Rühren so lange darin erhitzen, bis es hellgelb ist. Nach und nach Brühe und Sahne hinzugießen und mit einem Schneebesen durchschlagen, dabei darauf achten, dass keine Klümpchen entstehen. Die Sauce zum Kochen bringen und bei schwacher Hitze etwa 5 Minuten ohne Deckel kochen, dabei gelegentlich umrühren. 1 Esslöffel Parmesan-Käse (etwa 20 g) unterrühren. Mit Salz, Pfeffer und Muskat würzen.

Zutaten:

1 kleiner Blumenkohl (etwa 500 g)
500 g Brokkoli
Wasser
1 gestr. TL Salz
1 kleine Zucchini (etwa 200 g)

Für die Sauce:
25 g Butter
100 g gewürfelter Schinken (Fertigprodukt)
20 g Weizenmehl
250 ml (¼ l) Gemüsebrühe
125 g Schlagsahne
80 g geriebener Parmesan-Käse
Salz
frisch gemahlener Pfeffer
geriebene Muskatnuss
1 EL Sonnenblumenkerne

E: 48 g, F: 70 g, Kh: 27 g,
kJ: 3939, kcal: 940, BE: 1,0

5. Das Gemüse mit der Sauce übergießen, mit restlichem Parmesan-Käse und Sonnenblumenkernen bestreuen. Die Form auf dem Rost in den vorgeheizten Backofen schieben.

Ober-/Unterhitze: etwa 180 °C
Heißluft: etwa 160 °C
Backzeit: etwa 35 Minuten.

Tipp:

Der Auflauf lässt sich einfach für 4 Personen verdoppeln.

Variante:

Statt der Zucchini 1 Packung Nordseekrabben (75 g, gekocht und geschält) mit gekochten Blumenkohl- und Brokkoliröschen einschichten. Weiter wie ab Punkt 4 im Rezept beschrieben zubereiten.

Veggie Moussaka

Macht richtig satt

Zubereitungszeit: 50 Minuten
Backzeit: etwa 20 Minuten,
für 8–10 Personen.

Zutaten:

3 Zwiebeln
4–5 Zucchini (etwa 1,25 kg)
4–5 große Auberginen (etwa 1,8 kg)
Salz
8 Tomaten
2 Stängel Thymian
2 Stängel Rosmarin
etwa 200 ml Olivenöl
4–5 EL Weizenmehl
frisch gemahlener, bunter Pfeffer
3 Knoblauchzehen
150 g geriebener Parmesan-Käse

E: 11 g, F: 30 g, Kh: 14 g,
kJ: 1541, kcal: 367, BE: 0,5

Zubereitung:

1. Zwiebeln abziehen und in feine Würfel schneiden. Zucchini waschen, abtrocknen, die Enden abschneiden. Zucchini in Würfel schneiden.

2. Auberginen waschen, abtrocknen, die Enden abschneiden. Auberginen in ½–1 cm dicke Scheiben schneiden, mit Salz bestreuen und etwa 15 Minuten Saft ziehen lassen.

3. In der Zwischenzeit Tomaten waschen, abtrocknen, halbieren und die Stängelansätze herausschneiden. Tomaten entkernen und das Tomatenfruchtfleisch in Würfel schneiden.

4. Thymian- und Rosmarinstängel abspülen, trocken tupfen, Blättchen bzw. Nadeln von den Stängeln zupfen und Blättchen bzw. Nadeln fein hacken.

5. Etwas von dem Öl in einer Pfanne erhitzen. Die Auberginenscheiben mit Küchenpapier trocken tupfen. Auberginenscheiben in Mehl wälzen und portionsweise in dem Öl von beiden Seiten anbraten. Die gebratenen Auberginenscheiben in einer großen, gefetteten Auflaufform fächerförmig einschichten und warm stellen.

6. Backofen vorheizen. Das restliche Öl in der Pfanne erhitzen. Die Zwiebelwürfel darin andünsten. Zucchini- und Tomatenwürfel und gehackte Kräuter hinzugeben. Mit Salz und Pfeffer würzen. Knoblauchzehen abziehen, durch eine Knoblauchpresse drücken und unterrühren. Die Gemüsemischung 2–3 Minuten bei schwacher Hitze kochen lassen. Mit Salz und Pfeffer abschmecken.

7. Die Gemüsemischung zwischen den Auberginenscheiben verteilen und mit Parmesan bestreuen. Die Form auf dem Rost in den heißen Backofen schieben.

Ober-/Unterhitze: etwa 200 °C
Heißluft: etwa 180 °C
Backzeit: etwa 20 Minuten.

Dazu passt:

Fladenbrot.

Tipp:

Wer keine große Auflaufform hat, backt das Moussaka in zwei kleinen Formen.

Variante:

Klassisches Moussaka (für 8–10 Personen)
Dafür 2¼ kg Auberginen waschen, abtrocknen, die Enden abschneiden. Auberginen in ½–1 cm dicke Scheiben schneiden, mit Salz bestreuen und etwa 15 Minuten stehen lassen. Inzwischen 750 g Tomaten kreuzweise einschneiden und kurz in kochendes Wasser legen, in kaltem Wasser abschrecken, enthäuten, Stängelansätze herausschneiden und Tomaten in Scheiben schneiden. 3 Zwiebeln abziehen und würfeln. Etwas von 200 ml Olivenöl in einer Pfanne erhitzen. Auberginenscheiben mit Küchenpapier etwas trocken tupfen, portionsweise in dem Öl von beiden Seiten anbraten, auf Küchenpapier abtropfen lassen. Backofen vorheizen. Restliches Öl in der Pfanne erhitzen, die Zwiebelwürfel darin glasig andünsten und 800–1000 g Gehacktes (Lamm- oder Rindfleisch) hinzufügen. Unter Rühren anbraten, dabei die Klümpchen mit einer Gabel zerdrücken. Mit Salz, Pfeffer und je 1½ Teelöffel getrocknetem, gerebelten Oregano, Thymian und Basilikum würzen. Etwa 5 Minuten schmoren lassen. 3 Knoblauchzehen abziehen, durch eine Knoblauchpresse drücken und unterrühren. Die Hälfte der Auberginenscheiben in eine große, flache, gefettete Auflaufform geben, mit Salz, Pfeffer und 1½ Esslöffeln gehackter Petersilie (frisch oder TK-Ware) bestreuen. Die Hälfte der Tomatenscheiben daraufgeben, das Gehackte darauf verteilen und nacheinander die restlichen Auberginen- und Tomatenscheiben fächerartig darauflegen. 450 g Joghurt (3,5 % Fett) mit 175 ml Milch und 3 frischen Eiern (Größe M) verrühren und über die Zutaten gießen. 200 g geriebener Gouda-Käse darüberstreuen. Die Moussaka auf dem Rost in den vorgeheizten Backofen schieben und **bei angegebener Temperatur etwa 35 Minuten backen.**

Zutaten:

1 kleine Aubergine
1–2 EL Sojasauce
2–3 Zwiebeln
1½ EL Olivenöl
3–4 Tomaten
2 Scheiben Weizenmischbrot (ersatzweise 3 Scheiben Vollkorn-Toastbrot)
100 g geriebener Emmentaler-Käse

1 Becher (200 g) saure Sahne
1 Knoblauchzehe
etwa 6 frische Salbeiblätter (ersatzweise 1 Msp. gerebelter Salbei)
2–3 Stängel Thymian (ersatzweise 1 Msp. gerebelter Thymian)
frisch gemahlener Pfeffer

E: 26 g, F: 34 g, Kh: 39 g,
kJ: 2377, kcal: 568, BE: 2,5

Zubereitungszeit: etwa 30 Minuten, ohne Marinierzeit, Garzeit: etwa 40 Minuten, für 2 Personen.

Auberginen-Tomaten-Auflauf

Macht richtig satt

Zubereitung:

1. Aubergine abspülen, abtropfen lassen und das Ende abschneiden. Aubergine in Scheiben schneiden, auf einen Teller geben und mit Sojasauce beträufeln. Auberginenscheiben etwa 20 Minuten marinieren, dabei gelegentlich wenden.

2. Inzwischen Zwiebeln abziehen, erst in Scheiben schneiden, dann in Ringe teilen. 1 Esslöffel Olivenöl in einer Pfanne erhitzen und die Zwiebelringe darin andünsten. Den Backofen vorheizen.

3. Tomaten abspülen, die Stängelansätze herausschneiden. Tomaten in Scheiben schneiden.

4. Brot rösten und in eine mit dem restlichen Öl ausgestrichene, kleine Auflaufform legen. Evtl. das Brot in Größe der Form zurechtschneiden. Brot mit der Hälfte des Emmentalers bestreuen.

5. Saure Sahne in eine Schüssel geben. Knoblauchzehe abziehen, durch eine Knoblauchpresse drücken und hinzufügen.

6. Salbeiblätter abspülen, trocken tupfen und fein hacken. Thymianstängel abspülen, trocken tupfen, die Blättchen von den Stängeln zupfen und Blättchen fein hacken. Die Kräuter zur sauren Sahne geben und verrühren. Die Kräutermasse mit Pfeffer abschmecken.

7. Die Auberginenscheiben aus der Sojasauce nehmen, abtropfen lassen und in die Kräutermasse tauchen. Auberginenscheiben abwechselnd mit den Zwiebelringen und Tomatenscheiben in die Auflaufform schichten.

8. Zum Schluss restliche Kräutermasse über die Zutaten geben und den Auflauf mit dem restlichen Käse bestreuen. Die Form auf dem Rost in den vorgeheizten Backofen schieben.

Ober-/Unterhitze: 180–200 °C
Heißluft: 160–180 °C
Garzeit: etwa 40 Minuten.

Tipps:

Nach Belieben die Brotscheiben entrinden und dann den Boden der Auflaufform damit belegen. Wenn Sie es herzhaft mögen, ersetzen Sie den Emmentaler-Käse durch die gleiche Menge Allgäuer Bergkäse.

Dazu passt:

Ein **gemischter Blattsalat**. Hierfür 375 g gemischte Blattsalate (z. B. Lollo Bionda, Feldsalat, Frisée, Rucola) putzen, waschen, gut abtropfen lassen oder trocken schleudern und in mundgerechte Stücke zupfen. Von 1 kleinem Chicorée die äußeren, welken Blätter entfernen. Chicorée längs halbieren, abspülen, abtropfen lassen und den bitteren Strunk keilförmig herausschneiden. Chicorée in breite Streifen schneiden, mit den Blattsalaten vermengen. Für die Sauce ½ kleine Zwiebel abziehen, fein würfeln. 1–1½ Esslöffel Kräuteressig mit etwas Salz, 1 Prise Zucker und einigen grünen, getrockneten, zerstoßenen Pfefferkörnern verrühren. 3 Esslöffel Olivenöl unterschlagen. Zwiebelwürfel und ½ –1 Esslöffel gehackte Kräuter (z. B. Petersilie, Schnittlauch, Kerbel) unterrühren. Salatzutaten mit der Sauce vermengen und servieren.

Reis-Gemüse-Auflauf

Zubereitungszeit: etwa 25 Minuten,
Garzeit: etwa 25 Minuten,
für 2 Personen.

Raffiniert

Zubereitung:

1. Öl in einem Topf erhitzen, Reis hinzugeben, unter Rühren glasig dünsten. Curry darüberstreuen und kurz mitdünsten. Brühe zugießen, zum Kochen bringen und den Reis mit Deckel 10–12 Minuten nach Packungsanleitung bei schwacher Hitze ausquellen lassen.

2. Den Backofen vorheizen. Inzwischen Möhren putzen, schälen, abspülen und abtropfen lassen. Möhren in kleine Würfel schneiden.

3. Butter oder Margarine in einem Topf zerlassen. Die Möhrenwürfel darin 2–3 Minuten dünsten. Erbsen unterheben und 2–3 Minuten mitdünsten. Das Gemüse mit Salz, Pfeffer und Zucker würzen.

4. Ei mit Sahne verschlagen, mit Salz, Pfeffer und Muskat würzen. Gouda fein reiben und mit der Eiersahne verrühren.

5. Reis mit dem Gemüse vermengen und in eine flache Auflaufform (gefettet) geben. Die Eier-Käse-Sahne über die Zutaten in die Form gießen. Die Form auf dem Rost in den vorgeheizten Backofen schieben.

Ober-/Unterhitze: 180–200 °C
Heißluft: 160–180 °C
Garzeit: 25 Minuten.

Tipps:

Für Gäste lässt sich das Rezept leicht verdoppeln.
Wenn Sie statt Basmati-Reis Langkornreis verwenden, verlängert sich die Garzeit für den Reis ein wenig. Bitte beachten Sie die Packungsanleitung.

Dazu passt:

Eisberg-Camembert-Salat mit Joghurt-Senf-Dressing (für 2 Personen). Hierfür 1 Esslöffel gehackte Haselnusskerne in einer Pfanne ohne Fett rösten und anschließend auf einem Teller erkalten lassen. Für die Sauce 75 g Joghurt (3,5 % Fett) mit 1 Esslöffel frisch gepresstem Zitronensaft und ½–1 Teelöffel mildem Senf verrühren. ½–1 Esslöffel Nussöl (z. B. Walnussöl) unterschlagen. Joghurt-Sauce mit Salz und Pfeffer abschmecken. Für den Salat von ½ Kopf Eisbergsalat die äußeren welken Blätter entfernen. Eisbergsalat je nach Größe halbieren oder vierteln, in mundgerechte Stücke schneiden, abspülen und trocken tupfen oder schleudern. 1 mittelgroße Möhre putzen, schälen, abspülen und abtropfen lassen. Möhre in feine Streifen schneiden oder grob raspeln. 4 Champignons putzen, mit Küchenpapier abreiben und in Scheiben schneiden. 150 g Camembert-Käse halbieren und in Scheiben schneiden. ½ Kästchen Kresse abspülen, trocken tupfen und abschneiden. Eisbergsalat vorsichtig mit Möhren, Champignons und Käse vermengen.
Das Joghurt-Senf-Dressing darüber verteilen und den Salat mit den Haselnusskernen und der Kresse bestreut servieren.

Zutaten:

1 EL Speiseöl, z. B. Sonnenblumenöl
125 g Basmati-Reis (ersatzweise Langkornreis)
1 EL Currypulver
250 ml (¼ l) Gemüsebrühe
150 g Möhren
20 g Butter oder Margarine
150 g TK-Erbsen
Salz
frisch gemahlener Pfeffer
1 Prise Zucker
1 Ei (Größe M)
100 g Schlagsahne
frisch geriebene Muskatnuss
75 g mittelalter Gouda-Käse

E: 25 g, F: 47 g, Kh: 67 g,
kJ: 3331, kcal: 796, BE: 5,5

Baked Potatoes
Für Freunde

Zubereitung:

1. Den Backofen vorheizen. Kartoffeln unter fließendem kalten Wasser sehr gründlich abbürsten, trocken tupfen und mehrfach mit einer Gabel einstechen, damit sie nicht im Ofen aufplatzen. Kartoffeln mit Öl bestreichen und mit Salz bestreuen. Kartoffeln einzeln in Alufolie wickeln, die Enden dabei gut festdrücken. Nebeneinander aufs Backblech legen und in den vorgeheizten Backofen schieben.

Ober-/Unterhitze: etwa 200 °C
Heißluft: etwa 180 °C
Garzeit: 60–90 Minuten, je nach Größe der Kartoffeln.

2. In der Zwischenzeit für die Füllung Schmand oder Crème fraîche mit Zitronensaft und Schnittlauchröllchen oder Petersilie verrühren. Mit Salz, Pfeffer und Zucker oder Honig abschmecken.

3. Wenn die Kartoffeln gar sind, die Alufolie öffnen. Die Kartoffeln mit 2 Gabeln aufbrechen und mit der Sauce füllen.

Zubereitungszeit: 20 Minuten (ohne Garzeit),
Backzeit: 60–90 Minuten, für 8–10 Personen.

Zutaten:

8–10 schöne, große, mehligkochende Kartoffeln (je 250 g)
2 EL Olivenöl
Salz

Außerdem:
Alufolie

Für die Füllung:
2 Becher (je 150 g) Schmand oder Crème fraîche
Saft von ½ Zitrone
2 EL Schnittlauchröllchen (ersatzweise gehackte Petersilie)
frisch gemahlener Pfeffer
1 Prise Zucker oder etwas Honig

Pro Stück:
E: 6 g, F: 13 g, Kh: 39 g,
kJ: 1266, kcal: 303, BE: 3,0

Tipp: Als Füllung schmeckt auch Kräuterquark oder Tsatsiki aus dem Kühlregal, geriebener Käse (z. B. Gouda), Kräuterbutter oder Sauerrahm.

„Luxus-Variante“: Für **Ofenkartoffeln mit Lachs** gefüllte Kartoffeln zusätzlich obenauf mit Krabben und Räucherlachs (in Streifen geschnitten) garnieren. Nach Belieben statt Schmand oder Crème fraîche 200 g Speisequark mit 2 Esslöffeln Milch und 1–2 Esslöffeln geriebenem Meerrettich (aus dem Glas) verrühren, eventuell mit Salz würzen.

Backofengemüse

Für Freunde

Zubereitungszeit: etwa 60 Minuten,
für 8–10 Personen.

Zutaten:

2 kg festkochende, mittelgroße Kartoffeln
Salz
frisch gemahlener Pfeffer
14 EL Olivenöl (etwa 120 ml)
4 rote Paprikaschoten
2 gelbe Paprikaschoten
3 Zucchini
4 Zweige Rosmarin
8 Knoblauchzehen

E: 7 g, F: 14 g, Kh: 40 g,
kJ: 1352, kcal: 322, BE: 2,5

Zubereitung:

1. Den Backofen vorheizen. Kartoffeln unter fließendem kalten Wasser sehr gründlich abbürsten, trocken tupfen, längs vierteln, auf ein Backblech legen, mit Salz und Pfeffer würzen, mit 4 Esslöffeln Öl beträufeln. Das Backblech in den vorgeheizten Backofen schieben.

Ober-/Unterhitze: etwa 180 °C
Heißluft: etwa 160 °C
Backzeit: etwa 20 Minuten.

2. In der Zwischenzeit Paprikaschoten vierteln, entstielen, entkernen, die weißen Scheidewände entfernen. Die Schoten abspülen, abtropfen lassen und in kleine Stücke schneiden.

3. Zucchini abspülen, abtrocknen und die Enden abschneiden. Zucchini in kleine Stücke schneiden. Das Gemüse mit Salz und Pfeffer würzen und mit dem restlichen Öl vermischen.

4. Rosmarinzweige abspülen und trocken tupfen. Knoblauch abziehen, mit dem Gemüse und den Rosmarinzweigen zu den vorgegarten Kartoffeln geben. Alle Zutaten miteinander vermischen.

5. Das Backblech wieder in den Backofen schieben und alles bei **gleicher Backofeneinstellung noch weitere 20–25 Minuten** garen.

Dazu passt: Hähnchenbrust mit Mozzarella.

Tipp: Das Backofengemüse als vegetarisches Hauptgericht pur oder mit Tomatensauce servieren. Dafür 2 gewürfelte Zwiebeln und 2 gewürfelte Knoblauchzehen in 4 Esslöffeln Olivenöl andünsten. 2 Dosen (etwa 800 g) geschälte Tomaten hinzufügen, mit Salz und Pfeffer würzen. Alles zum Kochen bringen und etwa 15 Minuten zugedeckt garen. Ab und zu umrühren. Nach Belieben die Sauce pürieren und mit Salz, Pfeffer, 1 Prise Zucker und Oregano abschmecken.

Chicken Wings, mediterran

Gut vorzubereiten – für Freunde

Zubereitungszeit: 25 Minuten, ohne Marinierzeit
Backzeit: etwa 45 Minuten, für 8–10 Personen.

Zubereitung:

1. Backofen vorheizen. Für die Marinade Rosmarin und Thymian abspülen, trocken tupfen, Nadeln und Blättchen von den Stängeln zupfen, fein hacken. Knoblauch abziehen, durch eine Knoblauchpresse in eine kleine Schüssel drücken. Mit Rosmarin, Thymian, Salz und 3 Esslöffeln Olivenöl verrühren, Zitronensaft unterrühren.

2. Chicken Wings unter fließendem kalten Wasser abspülen, trocken tupfen und eventuell im Gelenk durchtrennen. Chicken Wings dann mit der Marinade in einer großen Schüssel vermengen. Restliches Olivenöl darüberträufeln, mit Pfeffer würzen und zugedeckt 15–20 Minuten ziehen lassen.

3. Chicken Wings dann aus der Marinade nehmen und auf ein mit Backpapier belegtes Backblech legen. Chicken Wings nochmals mit der Marinade bestreichen.

4. Das Backblech auf mittlerer Schiene in den vorgeheizten Backofen schieben.

Ober-/Unterhitze: 180–200 °C
Heißluft: 160–180 °C
Backzeit: etwa 45 Minuten.

5. Die Chicken Wings während der Garzeit ab und zu mit der herunterlaufenden Marinade erneut bestreichen.

6. Inzwischen Tomaten waschen, abtrocknen, halbieren und nach 30 Minuten Garzeit zu den Hähnchenflügeln geben. Bei **gleicher Backofeneinstellung weitere 15 Minuten** mitgaren.

7. Die Chicken Wings heiß oder kalt servieren.

Zutaten:

Für die Marinade:
je 1 Stängel Rosmarin und Thymian
3–4 Knoblauchzehen
Salz
4–5 EL Olivenöl
Saft von 2 Zitronen

24 Chicken Wings (Hähnchenflügel, etwa 1,4 kg)
frisch gemahlener Pfeffer
10–12 Cocktailtomaten

Außerdem:
Backpapier für das Blech

E: 13 g, F: 15 g, Kh: 1 g,
kJ: 804, kcal: 192, BE: 0

Dazu passen:

TK-Pommes oder TK-Kartoffel-Wedges mit einem schönen gemischten Salat. Nach Belieben die TK-Kartoffelgerichte auf ein zweites Blech legen und bei Heißluft zeitgleich mit den Chicken Wings garen.

Variante:

Für **Chicken Wings süß-säuerlich** in einen Topf 100 ml Hühnerbrühe mit 3 Esslöffeln Tomatenketchup, 1 Esslöffel braunen Zucker, 2 Esslöffeln Sojasauce, 1 Esslöffel Weinessig, 2 Teelöffeln Sambal Oelek und 1 Teelöffel Currypulver geben. Alles unter Rühren aufkochen lassen. Die gewaschenen und abgetropften Chicken Wings mit der Marinade bestreichen.
Dann auf ein mit Backpapier belegtes Backblech geben, in den Backofen schieben und **bei der oben angegebenen Backofeneinstellung etwa 45 Minuten** garen.

Farfalle „Arrabbiata“

Vorsicht scharf

Zubereitungszeit: etwa 35 Minuten,
für 2 Personen.

Zutaten:

1 kleine Zwiebel
1 milde Peperoni
je ½ kleine rote, grüne und gelbe Paprikaschote (je etwa 100 g)
1 Frühlingszwiebel
1 EL Olivenöl
2 EL Tomatenstücke (Tetra Pak®)
2–3 EL Tomatensaft
Salz
frisch gemahlener Pfeffer
½ Msp. Sambal Oelek
2 l Wasser
200 g Farfalle-Nudeln oder andere Nudeln

E: 15 g, F: 7 g, Kh: 80 g,
kJ: 1875, kcal: 449, BE: 6,0

Zubereitung:

1. Für die Sauce Zwiebel abziehen und erst in Scheiben schneiden, dann in Ringe teilen. Peperoni halbieren, entstielen und entkernen. Peperoni waschen, trocken tupfen und fein würfeln. Paprikaschoten entstielen, entkernen und die weißen Scheidewände entfernen. Schoten waschen, abtropfen lassen und in Würfel schneiden. Frühlingszwiebel putzen, waschen, abtropfen lassen und in feine Scheiben schneiden.

2. Olivenöl in einer Pfanne erhitzen. Zwiebelringe, Peperoni-, Paprika- und Tomatenstücke hineingeben und darin 2–3 Minuten unter Rühren dünsten. Tomatensaft hinzufügen und bei schwacher Hitze etwa 8 Minuten kochen lassen. Frühlingszwiebelscheiben, bis auf 1 Teelöffel, kurz vor dem Servieren in die Sauce geben. Die Sauce mit Salz, Pfeffer und Sambal Oelek abschmecken.

3. Inzwischen Wasser in einem großen geschlossenen Topf zum Kochen bringen. 1 Teelöffel Salz und Nudeln zugeben. Die Nudeln im geöffneten Topf bei mittlerer Hitze nach Packungsanleitung bissfest kochen, ab und zu umrühren. Anschließend die Nudeln in ein Sieb geben, mit heißem Wasser abspülen und abtropfen lassen.

4. Die Sauce mit den Gewürzen erneut abschmecken und zu den Nudeln reichen. Mit den beiseite gelegten Frühlingszwiebelscheiben bestreuen.

Tipp:

Statt dreierlei Paprikahälften kann man auch 1 große Paprikaschote in Rot, Grün oder Gelb nehmen.

Variante I:

Für **Farfalle mit Schinkensauce** (1–2 Personen) statt der Paprikaschoten und dem Sambal Oelek 1 zusätzliche Frühlingszwiebel und 2–3 Scheiben gekochten Schinken (ohne Fettrand) verwenden. Schinken in feine Würfel schneiden, mit Zwiebelringen, Peperoni- und Tomatenwürfeln andünsten. Die Sauce wie im Rezept beschrieben weiter zubereiten.

Variante II:

Für **Farfalle mit Tunfischsauce** (1–2 Personen) statt der Paprikaschoten 1 Dose Tunfisch naturell (Abtropfgewicht 140 g) abtropfen lassen, mit der Gabel zerpflücken und zusätzlich mit 2 weiteren Esslöffeln Tomatenstücken und dem Gemüse in Öl andünsten. Anschließend die Sauce wie im Rezept beschrieben zubereiten.

Zutaten:

Für die Linguine:
2 l Wasser
2 gestr. TL Salz
160–200 g Linguine (dünne Bandnudeln)

Für die Sauce:
1 kleine Schalotte
1 Knoblauchzehe
½ Bund Frühlingszwiebeln
8 Cocktailtomaten
1 kleines Bund Bärlauch oder Basilikum
15 g Butter oder Margarine
125 g Ziegen-Frischkäse
(ersatzweise Doppelrahm-Frischkäse)
100 g Schlagsahne
Salz
frisch gemahlener Pfeffer

E: 17 g, F: 40 g, Kh: 72 g,
kJ: 3052, kcal: 731, BE: 5,5

Zubereitung:

1. Für die Linguine Wasser in einem großen geschlossenen Topf zum Kochen bringen. Dann Salz und Linguine zugeben. Die Nudeln im geöffneten Topf bei mittlerer Hitze nach Packungsanleitung bissfest kochen, ab und zu umrühren. Anschließend die Nudeln in ein Sieb geben, mit heißem Wasser abspülen und abtropfen lassen.

2. In der Zwischenzeit für die Sauce Schalotte und Knoblauchzehe abziehen, beides in kleine Würfel schneiden. Frühlingszwiebeln putzen, abspülen, abtropfen lassen und in feine Scheiben schneiden. Cocktailtomaten abspülen und abtropfen lassen. Bärlauch oder Basilikum abspülen, trocken tupfen, die Blättchen von den Stängeln zupfen und Blättchen in feine Streifen schneiden.

Raffiniert

Linguine mit Ziegen-Frischkäse-Sauce

Zubereitungszeit: etwa 20 Minuten,
für 2 Personen.

3. Butter oder Margarine in einem Topf erhitzen und die Schalotten- und Knoblauchwürfel kurz darin andünsten. Ziegen-Frischkäse und Sahne unterrühren. Alles bei schwacher Hitze unter Rühren erwärmen, bis der Ziegen-Frischkäse geschmolzen ist. Die Sauce mit Salz und Pfeffer abschmecken.

4. Frühlingszwiebelscheiben und Cocktailtomaten in die Sauce geben und miterwärmen. Zuletzt die Bärlauch- oder Basilikumstreifen dazugeben und unterrühren.

5. Die Bandnudeln mit der Sauce vermengt servieren.

Kleine Warenkunde:

Schalotten schmecken feiner und milder als Zwiebeln. Im Gegensatz zu Zwiebeln sollte man Schalotten nie bräunen, sie schmecken sonst bitter. Schalotten sind etwas kleiner als Zwiebeln und sind ein wichtiger Bestandteil in der französischen Küche.

Variante:

Spaghetti mit Frischkäse-Tomaten-Sauce (für 2 Personen). Für die Sauce 200 g Tomaten kreuzweise einschneiden, kurz in kochendes Wasser legen, anschließend in kaltem Wasser abschrecken. Tomaten enthäuten, halbieren und die Stängelansätze herausschneiden. Tomaten in Stücke schneiden. 1 Schalotte abziehen und fein würfeln. 1½ Esslöffel Olivenöl in einem Topf erhitzen und die Schalottenwürfel darin glasig dünsten. Tomatenwürfel zugeben und kurz mitdünsten. Mit Salz, Pfeffer und 1 Messerspitze gerebeltem Majoran würzen. 6 Esslöffel Gemüsebrühe unterrühren und so lange bei mittlerer Hitze einkochen, bis die Sauce leicht cremig ist. 150 g Frischkäse (mit französischen Kräutern) in die Sauce rühren und nach Belieben mit 1 Esslöffel Weißwein abschmecken. Für die Spaghetti etwa 2 l Wasser in einem großen geschlossenen Topf zum Kochen bringen. Dann 2 gestrichene Teelöffel Salz und 160–200 g Spaghetti zugeben. Die Nudeln wie im Rezept unter Punkt 1 beschrieben zubereiten und abtropfen lassen. ½ Topf Basilikum abspülen, trocken tupfen und die Blättchen von den Stängeln zupfen. Einige Blättchen zum Garnieren beiseitelegen, die restlichen Blättchen fein hacken und in die Sauce rühren. Spaghetti mit der Sauce und den beiseite gelegten Basilikumblättchen garniert servieren.

Bandnudeln mit italienischem Bohnengemüse

Raffiniert

Zubereitungszeit: etwa 40 Minuten, für 2 Personen.

Zutaten:

250 g grüne Bohnen (Brechbohnen; ersatzweise 250 g TK-Bohnen)
2 l Wasser
2 gestr. TL Salz
200 g Bandnudeln
40 g getrocknete Tomaten
1–2 Knoblauchzehen
½ Bund Basilikum
1 EL Olivenöl
50 ml Gemüsebrühe
frisch gemahlener schwarzer Pfeffer

E: 19 g, F: 8 g, Kh: 83 g,
kJ: 2040, kcal: 486, BE: 7,0

Tipp:

Statt getrockneter Tomaten können Sie auch 1 mittelgroße Fleischtomate verwenden. Dann die Tomate kreuzweise einschneiden und kurz in kochendes Wasser legen. Anschließend mit kaltem Wasser abschrecken. Tomate enthäuten, halbieren und den Stängelansatz herausschneiden. Tomate entkernen, das Fruchtfleisch in Streifen schneiden.

Zubereitung:

1. Von den Bohnen die Enden abschneiden, evtl. die Fäden abziehen. Bohnen abspülen, abtropfen lassen und in Stücke schneiden oder brechen. In einem Topf wenig Wasser zum Kochen bringen. Bohnen und Salz (auf 3/8 l Wasser 1/3 TL Salz) in das kochende Wasser geben, erneut zum Kochen bringen und die Bohnen zugedeckt bei mittlerer Hitze etwa 15 Minuten bissfest garen (Tiefgekühlte Bohnen nach Packungsanleitung garen). Anschließend die Bohnen in ein Sieb geben und abtropfen lassen.

2. In einem geschlossenen Topf Wasser zum Kochen bringen. Dann Salz und Bandnudeln zugeben. Die Nudeln im geöffneten Topf bei mittlerer Hitze nach Packungsanleitung bissfest kochen, ab und zu umrühren. Anschließend die Nudeln in ein Sieb geben, mit heißem Wasser abspülen und abtropfen lassen.

3. In der Zwischenzeit Tomaten in Streifen schneiden. Knoblauch abziehen und in Scheiben schneiden. Basilikum abspülen, trocken tupfen, die Blättchen von den Stängeln zupfen. Basilikumblättchen in Streifen schneiden und beiseitelegen.

4. Olivenöl in einer beschichteten Pfanne erhitzen. Tomatenstreifen und Knoblauchscheiben kurz darin andünsten. Brühe hinzugießen und einmal aufkochen lassen. Abgetropfte Bohnen hinzufügen und unter Rühren kurz erwärmen. Alles mit Salz und Pfeffer abschmecken. Basilikumstreifen unterheben.

5. Nudeln mit Bohnengemüse auf Tellern anrichten und sofort servieren.

Noch ein Tipp:

Statt des italienischen Bohnengemüses ersetzen Sie die Bohnen durch je 125 g Zuckerschoten und Möhren. Von den Zuckerschoten die Enden abschneiden, die Schoten evtl. abfädeln und je nach Größe quer halbieren. Zuckerschoten abspülen und abtropfen lassen. In wenig kochendem Salzwasser etwa 5 Minuten bissfest garen. Die Schoten mit einer Schaumkelle aus dem Wasser nehmen, in eiskaltes Wasser geben, damit sie ihre grüne Farbe behalten. Zuckerschoten herausnehmen und gut abtropfen lassen. Möhren putzen, schälen, abspülen und abtropfen lassen. Möhren in Stifte schneiden.

Variante:

Käse-Kräuter-Nudeln mit Spinat und Champignons (für 2 Personen). Hierfür 225 g TK-Blattspinat nach Packungsanleitung auftauen lassen. 250 g Champignons putzen, mit Küchenpapier abreiben und Champignons in Scheiben schneiden. Für die Nudeln 2 l Wasser in einem geschlossenen Topf zum Kochen bringen. Dann 2 gestrichene Teelöffel Salz und 160–200 g Spätzle oder Penne zugeben. Spätzle oder Penne im geöffneten Topf bei mittlerer Hitze nach Packungsanleitung bissfest kochen, ab und zu umrühren. Anschließend die Spätzle oder Penne in ein Sieb geben, mit heißem Wasser abspülen und abtropfen lassen. In der Zwischenzeit 40 g Kräuterbutter (Fertigprodukt) in einem Topf zerlassen und die Champignonscheiben darin unter gelegentlichem Rühren bei mittlerer Hitze andünsten. Aufgetauten Blattspinat etwas ausdrücken und grob hacken. 1 Knoblauchzehe abziehen, fein hacken und mit dem Spinat zu den Champignonscheiben geben. Beides kurz mitdünsten. Alles mit Salz und Pfeffer abschmecken. Spätzle oder Penne untermengen und auf Tellern anrichten. Mit 75 g frisch geriebenem Gouda-Käse bestreuen.

Spaghetti

Zubereitungszeit: etwa 40 Minuten,
für 8–10 Personen.

Zutaten:

Für die Sauce:
4 Zwiebeln
2–3 Knoblauchzehen
4 EL Olivenöl
500 g Rindergehacktes
Salz
frisch gemahlener Pfeffer
Paprikapulver edelsüß
2 Dosen geschälte Tomaten (Abtropfgewicht je 800 g)
4 EL Tomatenmark (Fertigprodukt)
125 ml (⅛ l) Rotwein oder Wasser
1 EL gehackte Thymianblättchen (ersatzweise ½–1 TL getrockneter Thymian)
1 EL gehackte Basilikumblättchen (ersatzweise ½–1 TL getrocknetes Basilikum)

Außerdem:
8 l Wasser
8 gestr. TL Salz
800–1000 g Spaghetti

Nach Belieben zum Bestreuen:
geriebener Parmesan-Käse

E: 26 g, F: 14 g, Kh: 78 g,
kJ: 2300, kcal: 549, BE: 6,0

Bologneses

Zubereitung:

1. Für die Sauce Zwiebeln und Knoblauch abziehen und fein würfeln. Olivenöl in einer großen Pfanne (möglichst mit hohem Rand) oder in einem Topf erhitzen, Zwiebel- und Knoblauchwürfel darin andünsten.

2. Gehacktes hinzufügen und unter ständigem Rühren darin anbraten, dabei die Fleischklümpchen mit einer Gabel zerdrücken. Mit Salz, Pfeffer und Paprika würzen.

3. Tomaten in der Dose etwas zerkleinern, mit dem Saft aus der Dose hinzufügen. Tomatenmark, Rotwein oder Wasser hinzufügen, gut verrühren und zum Kochen bringen. Die Sauce etwa 12 Minuten bei schwacher Hitze ohne Deckel kochen lassen, ab und zu umrühren. Sauce mit den Gewürzen abschmecken, Thymian- und Basilikumblättchen unterrühren.

4. Inzwischen die Hälfte des Wassers in einem großen, geschlossenen Topf zum Kochen bringen. Dann Salz und Spaghetti zugeben. Die Spaghetti in 2 Portionen ohne Deckel bei mittlerer Hitze nach Packungsanleitung bissfest kochen, ab und zu umrühren.

5. Anschließend die Spaghetti in ein Sieb geben, mit heißem Wasser abspülen und abtropfen lassen.

6. Nudeln mit der Sauce servieren, das Gericht nach Belieben mit Käse bestreuen.

Variante:

Spaghetti mit Gemüsebolognese

(für 8–10 Personen):

2 Zwiebeln und 2 Knoblauchzehen abziehen und fein würfeln. 2 Möhren putzen, schälen, abspülen und abtropfen lassen. 2 Stangen Sellerie putzen und die harten Außenfäden abziehen. Sellerie waschen und abtropfen lassen. Sellerie und Möhren sehr fein würfeln. 4 Zucchini (etwa 600 g) und 4 Tomaten waschen, Enden der Zucchini abschneiden und Zucchini in sehr feine Würfel schneiden. Tomaten vierteln, Stängelansätze entfernen. Tomaten entkernen und in sehr feine Würfel schneiden. Zwiebel- und Knoblauchwürfel in einer Pfanne mit 10 Esslöffeln Olivenöl bei mittlerer Hitze glasig dünsten. Möhren- und Selleriewürfel zufügen und 3–4 Minuten mitdünsten. Dann Zucchini- und Tomatenwürfel zugeben, kurz mitdünsten. 100 ml Rotwein, 1 Packung (500 g) passierte Tomaten und 2 Teelöffel gerebelten Majoran oder Oregano zugeben.
Alles bei schwacher Hitze 15 Minuten köcheln, bis das Gemüse weich ist. Inzwischen 800–1000 g Spaghetti in reichlich Salzwasser nach Packungsanleitung bissfest kochen, abgießen, heiß abspülen und abtropfen lassen. Fertige Gemüsesauce mit Salz und Pfeffer abschmecken, mit den Nudeln auf tiefen Tellern oder in einer Schüssel anrichten. 100 g frisch geriebenen Parmesan-Käse dazureichen.

Zutaten:

250 g Cocktailtomaten
200 g Zucchini
200 g kleine Champignons
500 g Tortelloni Formaggia (aus dem Kühlregal)
1 Dose stückige Tomaten (Einwaage 400 g)
3–4 EL Tomatenketchup
Salz
frisch gemahlener Pfeffer
2 EL Olivenöl
100 g geriebener Pecorino-Käse
etwa 4 Stängel Basilikum

Außerdem:
8 Holzspieße

E: 53 g, F: 53 g, Kh: 130 g,
kJ: 5120, kcal: 1217, BE: 10,5

Zubereitung:

1. Cocktailtomaten abspülen und abtropfen lassen, evtl. Stängelansätze herausschneiden. Zucchini abspülen, abtropfen lassen und die Enden abschneiden. Zucchini in etwa 1 cm dicke Scheiben schneiden. Champignons putzen und mit Küchenpapier abreiben.

2. Abwechselnd Tortelloni mit Tomaten, Zucchinischeiben und Champignons auf die Holzspieße stecken (auf jeden Spieß 4–5 Tortelloni). Den Backofen vorheizen.

3. Stückige Tomaten mit Ketchup verrühren und in einer großen Auflaufform (gefettet) verteilen. Sauce mit Salz und Pfeffer abschmecken. Die Nudelspieße hineinlegen. Die restlichen Tomaten, Zucchinischeiben und Champignons zwischen den Spießen verteilen. Nudelspieße mit Salz und Pfeffer würzen, mit Olivenöl beträufeln. Den Käse darüberstreuen.

Gut vorzubereiten

Überbackene Nudelspieße

Zubereitungszeit: etwa 35 Minuten,
Garzeit: etwa 25 Minuten,
für 2 Personen (ergibt 8 Spieße).

4. Die Form auf dem Rost in den vorgeheizten Backofen schieben.

Ober-/Unterhitze: etwa 200 °C
Heißluft: etwa 180 °C
Garzeit: etwa 10 Minuten

5. Nach etwa 10 Minuten Garzeit die Backofentemperatur um 20 °C (Ober-/Unterhitze: etwa 180 °C, Heißluft: etwa 160 °C) reduzieren und weitere **etwa 15 Minuten** garen.

6. In der Zwischenzeit Basilikum abspülen, trocken tupfen, die Blättchen von den Stängeln zupfen und Blättchen fein hacken. Die Spieße mit Basilikum bestreut servieren.

Tipps:

Tortelloni Formaggia sind mit Käse gefüllte Teigtaschen. Im Kühlregal finden Sie bei den Tortelloni eine große Auswahl an Farben (weiß, grün) und verschiedenen Füllungen (Käse, Gemüse). Statt Pecorino-Käse können Sie auch je 100 g geriebenen Parmesan- und Gouda-Käse verwenden.

Noch ein Tipp:

Tomatensaucen-Fans nehmen statt des Tomatenketchups 1 zusätzliche Dose stückige Tomaten (Einwaage 400 g) oder verwenden 1 große Dose geschälte Tomaten (Einwaage 800 g). Dann die Tomaten in der Dose etwas zerkleinern und mit dem Saft in die Form geben. Tomaten mit Salz und Pfeffer würzen. Wer mag, schmeckt die Sauce zusätzlich mit 1–2 Messerspitzen gerebelten Kräutern (z. B. Thymian, Basilikum, Oregano) ab.

Einfach lecker

Fisch Caprese

Zubereitungszeit: etwa 45 Minuten,
für 2 Personen.

Zutaten:

2 Tomaten
1 kleine Zucchini (etwa 100 g)
1 Pck. (125 g) Mozzarella-Käse
Salz
frisch gemahlener Pfeffer
1 TL getrocknete, italienische Kräuter
2 EL Olivenöl
2 Stücke Seelachs- oder Rotbarschfilet (je etwa 130 g)
2–3 Stängel Basilikum

E: 38 g, F: 27 g, Kh: 5 g,
kJ: 1747, kcal: 417, BE: 0

Zubereitung:

1. Tomaten waschen, abtrocknen, die Stängelansätze herausschneiden und Tomaten in Scheiben schneiden.

2. Zucchini waschen, abtrocknen, die Enden abschneiden und Zucchini in etwa ½ cm dicke Scheiben schneiden. Mozzarella abtropfen lassen und in 6 Scheiben schneiden.

3. Den Backofen vorheizen. Die Hälfte der Tomaten-, Zucchini- und Mozzarellascheiben dachziegelartig in eine kleine, flache, gefettete Auflaufform schichten. Mit Salz, Pfeffer und der Hälfte der getrockneten Kräuter bestreuen und mit 1 Esslöffel Öl beträufeln.

4. Fischfilets unter fließendem kalten Wasser abspülen, trocken tupfen, mit Salz und Pfeffer bestreuen und auf die Gemüse-Käse-Mischung legen. Die restlichen Tomaten-, Zucchini- und Mozzarellascheiben dachziegelartig darauflegen.

5. Mit Salz, Pfeffer und der restlichen Gewürzmischung bestreuen und mit dem restlichen Öl beträufeln. Die Form ohne Deckel auf dem Rost in den vorgeheizten Backofen schieben.

Ober-/Unterhitze: etwa 200 °C
Heißluft: etwa 180 °C
Garzeit: 25–30 Minuten.

6. Basilikum abspülen, trocken tupfen, die Blättchen von den Stängeln zupfen. Blättchen in feine Streifen schneiden und den Fischauflauf damit bestreuen.

Tipp:

Statt frischem Fischfilet TK-Seelachs- oder TK-Rotbarschfilet verwenden. Dafür die TK-Fischfilets nach Packungsanleitung auftauen lassen. Aufgetaute Fischfilets kalt abspülen, trocken tupfen und wie im Rezept beschrieben weiterverarbeiten. Dieses Rezept lässt sich problemlos für mehrere Gäste verdoppeln bzw. vervielfachen. Das Gemüse mit dem Fisch dann in eine größere Auflaufform oder auf ein tiefes, gefettetes Backblech geben.

Kleine Warenkunde:

Mozzarella ist ein italienischer Frischkäse der ursprünglich aus reiner Büffelmilch hergestellt wird. Da diese Art Mozzarella immer seltener erhältlich ist, gibt es im Handel Mozzarella aus Kuhmilch. Dieser wird zu Kugeln geformt in Lake angeboten.

Provenzalisches Fischfilet

Mit Alkohol

Zubereitungszeit: etwa 35 Minuten,
ohne Auftau- und Durchziehzeit,
für 8–10 Personen.

Zutaten:

8–10 Stücke TK-Fischfilet,
z.B. Seelachs- oder Pangasiusfilet
(je etwa 125 g)
300 ml trockener, französischer Weißwein, z.B. Riesling, Muscat, Pinot Gris
2 Pck. gemischte TK-Kräuter
(z.B. 8 Kräuter)
3 EL Speiseöl, z.B. Sonnenblumenöl
Saft von 1 Zitrone
Salz
frisch gemahlener Pfeffer

E: 21 g, F: 5 g, Kh: 1 g,
kJ: 683, kcal: 163, BE: 0

Zubereitung:

1. Fischfilets nach Packungsanleitung auftauen lassen.

2. Weißwein mit Kräutern und Öl in einen Topf geben und zum Kochen bringen. Den Weißweinsud anschließend erkalten lassen.

3. Fischfilets unter fließendem kalten Wasser abspülen und trocken tupfen. Filets in eine große, flache Schale legen. Den abgekühlten Weißweinsud mit Zitronensaft, Salz und Pfeffer würzen. Den Sud auf den Fischfiletstücken verteilen und zugedeckt im Kühlschrank etwa 2 Stunden durchziehen lassen, Filets dabei ein- bis zweimal wenden.

4. Den Backofen vorheizen. Die Fischfiletstücke aus dem Sud nehmen. Je ein Stück Fischfilet in je einen Bogen Alufolie wickeln. Die Fischpäckchen nebeneinander auf den Rost legen und in den vorgeheizten Backofen schieben.

Ober-/Unterhitze: etwa 200 °C
Heißluft: etwa 180 °C
Backzeit: etwa 20 Minuten.

5. In der Zwischenzeit restlichen Sud in einen kleinen Topf geben, zum Kochen bringen und bei mittlerer bis großer Hitze in etwa 15 Minuten um die Hälfte einkochen lassen. Fisch aus dem Ofen nehmen, aus der Folie wickeln und auf einer Platte anrichten. Den gegarten Fisch mit dem eingekochten Sud beträufeln.

Dazu passt:

Salzkartoffeln, Reis, Caesar's Salat oder Ratatouille.

Für **Ratatouille** (8–10 Personen) 2 Gemüsezwiebeln abziehen, halbieren und in feine Streifen schneiden. 4 Knoblauchzehen abziehen und in dünne Scheiben schneiden. Je 2 rote und grüne Paprikaschoten halbieren, entstielen, entkernen, die weißen Scheidewände entfernen. Schoten waschen, trocken tupfen und in mundgerechte Stücke schneiden. Je 500 g Auberginen und Zucchini waschen, abtrocknen, die Enden abschneiden und in mundgerechte Stücke schneiden. 600 g Tomaten kreuzweise einschneiden und kurz in kochendes Wasser legen. Anschließend in kaltem Wasser abschrecken, enthäuten, Stängelansätze entfernen. Tomaten in Würfel schneiden. 8 Esslöffel Olivenöl in einem großen Topf erhitzen. Zwiebelstreifen und Knoblauchscheiben darin andünsten. Paprika-, Auberginenstücke, 2 Lorbeerblätter, Salz, Pfeffer und 4 Teelöffel getrocknete Kräuter der Provence zugeben und unter Rühren andünsten. Bei schwacher Hitze etwa 10 Minuten zugedeckt dünsten, ab und zu umrühren. Zucchinistücke zugeben und weitere 5 Minuten zugedeckt dünsten. Zum Schluss die Tomaten unterrühren und einmal aufkochen lassen. Das Ratatouille mit Salz, Pfeffer und Kräutern der Provence abschmecken.

Zutaten:

200 ml ungesüßte Kokosmilch
etwa ½ EL gelbe Currypaste (erhältlich im Asialaden)
250 g geschälte Riesengarnelen
1 EL Fischsauce (erhältlich im Asialaden)
1 TL Zucker oder Honig
1 Stängel Koriander (ersatzweise 1 Prise getrockneter Koriander)
½–1 rote Chilischote (ersatzweise Chiliflocken)
1–2 TL frisch gepresster Limettensaft
Salz
frisch gemahlener Pfeffer

Nach Belieben:
einige Limettenscheiben

E: 27 g, F: 20 g, Kh: 9 g,
kJ: 1348, kcal: 325, BE: 1,0

Garnelen in Curry-Kokosmilch

Zubereitungszeit: etwa 20 Minuten, für 2 Personen.

Süß und feurig

Zubereitung:

1. Die Hälfte der Kokosmilch in einem Topf oder Wok erhitzen. Currypaste hinzugeben und mit der Kokosmilch verrühren. Curry-Kokosmilch bei mittlerer Hitze 2–3 Minuten kochen lassen.

2. Garnelen der Länge nach einschneiden, den dunklen Darm entfernen. Garnelen kalt abspülen und trocken tupfen. Garnelen in die Curry-Kokosmilch geben und etwa 1 Minute mitkochen lassen. Die restliche Kokosmilch, Fischsauce und Zucker oder Honig hinzugeben, alles gut verrühren. Die Zutaten weitere 2 Minuten kochen lassen.

3. Koriander abspülen, trocken tupfen, die Blättchen von den Stängeln zupfen. Blättchen fein hacken. Chilischote halbieren, entstielen und entkernen. Schote waschen, trocken tupfen und quer in dünne Streifen schneiden. Koriander und Chilistreifen zu den Garnelen geben und kurz unterrühren. Die Kokosmilch mit Limettensaft, Salz und Pfeffer abschmecken.

4. Nach Belieben die Garnelen in Curry-Kokosmilch mit Limettenscheiben garniert servieren.

Dazu passt:
Gegarter Reis oder Baguette mit grünem gemischten Blattsalat. Mit Soja- oder Mungobohnensprossen bekommt der Salat das asiatische Flair.

Tipp:
Statt frischer Riesengarnelen TK-Riesengarnelen (geschält, ohne Schwanz) verwenden. Dafür Riesengarnelen nach Packungsanleitung auftauen lassen. Evtl. den Darm entfernen, Garnelen kalt abspülen und trocken tupfen.

Kleine Warenkunde:
Fischsauce ist ein flüssiges Extrakt aus fermentiertem Fisch. Currypasten gibt es in rot, grün und gelb, ihr Geschmack reicht von scharf bis mild. Milde Sorten empfinden die meisten von uns Europäern auch noch als ganz schön scharf. Deshalb am Anfang sparsam verwenden! Currypasten halten sich angebrochen im Kühlschrank einige Monate.

Zutaten:

1 Tasse Sushireis (erhältlich im Asialaden oder in der Spezialitätenabteilung)
gut 1 Tasse Wasser
1½ EL Reisessig
1–2 Prisen Salz
1 Prise Zucker
100 g ganz frisches Tunfischfilet (möglichst ein langes, etwa 5 cm breites Stück)
2 Blätter getrocknete Nori-Algen (erhältlich im Asialaden oder in der Spezialitätenabteilung)
1 EL Sojasauce
½ EL Wasabipaste (erhältlich im Asialaden)
etwa 70 g eingelegter Ingwer (entspricht ½ Glas, Abtropfgewicht 125 g)

Außerdem:
1 Sushimatte

Pro Stück:
E: 4 g, F: 2 g, Kh: 16 g,
kJ: 404, kcal: 97, BE: 1,5

Maki-Sushi mit Tunfisch

Etwas teurer

Zubereitungszeit: etwa 45 Minuten, ohne Quellzeit,
für 8–10 Maki-Sushi.

Zubereitung:

1. Sushireis in einem Sieb unter fließendem kalten Wasser so lange abspülen, bis das Wasser klar abläuft. Anschließend den Reis mit Wasser (gut 1 Tasse) in einem kleinem Topf zum Kochen bringen. Den Reis zugedeckt bei schwacher Hitze etwa 15 Minuten quellen lassen. Den Topf von der Kochstelle nehmen. Den Reis weitere 15 Minuten im Topf gar ziehen lassen.

2. Reisessig in einem kleinen Topf erwärmen, Salz und Zucker darin unter Rühren auflösen. Den gegarten Reis in ein flaches Gefäß (nach Möglichkeit ein Holzgefäß) geben. Die Essiglösung über den Reis träufeln, dabei die Form hin und her schwenken. Den Reis mit einem feuchten Tuch zudecken.

3. Tunfisch unter fließendem kalten Wasser abspülen, trocken tupfen und in 2 gleich lange Streifen schneiden.

4. Ein Noriblatt auf eine Sushimatte legen. Die Hälfte der Reismasse darauf verteilen. Einen Streifen Tunfisch in die Mitte des Blattes legen und zu einer festen Rolle aufrollen. Mit dem anderen Noriblatt ebenso verfahren. Die Rollen jeweils in 4–5 Maki-Röllchen schneiden.

5. Sojasauce mit Wasabipaste verrühren. Sushis mit dem eingelegten Ingwer und der Sauce servieren.

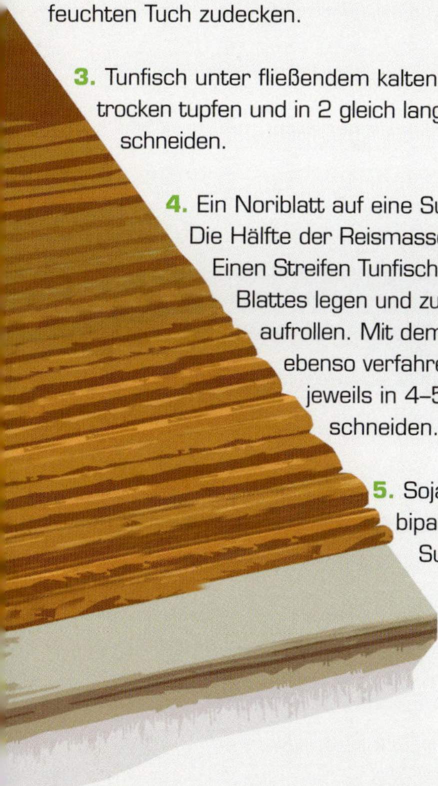

Tipp:

Diese kleinen Reishappen werden in Japan zu Beginn einer Mahlzeit gereicht. Wer keine Sushimatte hat, legt das Noriblatt auf ein Stück Frischhaltefolie und wickelt es fest zu einer Rolle auf.

Variante:

Für **Nigiri-Sushi** (ergibt 8–10 Stück)
1 Tasse Sushireis (Asialaden) in einem Sieb unter fließendem kalten Wasser so lange abspülen, bis das Wasser klar abläuft. Anschließend den Reis mit gut 1 Tasse Wasser in einem kleinen Topf zum Kochen bringen. Den Reis wie unter Punkt 1 beschrieben zubereiten. 1½ Esslöffel Reisessig in einem kleinen Topf erwärmen, 2 Prisen Salz und 1 Prise Zucker darin unter Rühren auflösen. Den gegarten Reis in ein flaches Gefäß geben. Die Essiglösung über den Reis träufeln, dabei die Form hin und her schwenken. Den Reis mit einem feuchten Tuch zudecken. ½ Packung frisches Lachsfilet (100 g) in 8–10 Stücke schneiden. Eine Lachsscheibe mit etwas Wasabipaste bestreichen. Eine tischtennisballgroße Reisportion in die eine Hand und eine Lachsscheibe in die andere Hand nehmen. Den Reis auf die Lachsscheibe drücken und dabei in die typische, längliche Form bringen. Mit der Lachsseite nach oben auf einer Platte anrichten. So 8–10 Sushi-Röllchen formen.

Currywurst Exotisch Deluxe mit Garnelen

Zubereitungszeit: etwa 20 Minuten, ohne Auftau- und Zubereitungszeit für die Currysauce, für 2 Personen.

Zutaten:

2 TK-Riesengarnelen
2 Rostbratwürste
(z. B. Thüringer Bratwurst)
1 Frühlingszwiebel
½ kleine rote Chilischote
1 EL Speiseöl
etwa 150 ml selbst gekochte Currysauce
Currypulver zum Bestäuben

E: 26 g, F: 41 g, Kh: 21 g,
kJ: 2318, kcal: 554, BE: 1,5

Zubereitung:

1. Garnelen nach Packungsanleitung auftauen lassen.

2. Bratwürste mit Küchenpapier trocken tupfen und in Scheiben schneiden. Frühlingszwiebel putzen, waschen, abtropfen lassen und in Scheiben schneiden. Chilischote längs halbieren, entstielen und entkernen. Schote abspülen, trocken tupfen und quer in dünne Streifen schneiden.

3. Öl in einer großen Pfanne erhitzen und die Bratwurstscheiben bei mittlerer Hitze rundherum anbraten.

4. Aufgetaute Riesengarnelen schälen. Mit einem Messer vorsichtig am Rücken entlang schneiden und den Darm entfernen. Garnelen gründlich waschen, trocken tupfen und jeweils in 5 Stücke schneiden.

5. Frühlingszwiebelringe, Chilischotenstreifen und Garnelenstücke zu den Bratwürsten geben und kurz mitbraten. Dann die Hitze reduzieren und die Currysauce hinzugießen. Die Sauce unter Rühren bei kleiner Hitze erwärmen. Mit Currypulver bestäubt servieren.

Für die **Currysauce** 150 ml Wasser mit ½ Teelöffel Currypulver indisch, ½ Teelöffel Zucker, 1 Messerspitze Paprikapulver rosenscharf und 1 Messerspitze Sambal Oelek in einen kleinen Topf geben und unter Rühren zum Kochen bringen. Den Topf von der Kochstelle nehmen und 250 ml (¼ l) Tomatenketchup einrühren. Etwa 5 Minuten weiterrühren und nochmals aufkochen lassen. Die Currysauce sofort verwenden oder in 2 gründlich gereinigte, gespülte Gläser (je etwa 200 ml) füllen und abkühlen lassen. Die Sauce ist im Kühlschrank 1–2 Monate haltbar.

Tipp:

Die Sauce schmeckt auch zur klassischen Currywurst. Wenn es ganz schnell gehen soll, nimmt man statt selbst gemachter Currysauce ein Fertigprodukt aus dem Glas.

Tilapia-Filet „Palermo“

Zubereitungszeit: etwa 40 Minuten,
für 8–10 Personen.

Was Leichtes für heiße Tage

Zutaten:

500 g Cocktailtomaten
1 ½ kg Zucchini
(etwa 7 mittelgroße Zucchini)
2 Dosen Artischockenherzen
(Abtropfgewicht je 240 g)
6–7 EL Olivenöl
2 Pck. (à 25 g) TK-Italienische Kräuter
Salz
frisch gemahlener Pfeffer
1–1,25 kg Tilapia-Filet
(Viktoriabarschfilet)
2 gestr. TL Chiliflocken

E: 27 g, F: 10 g, Kh: 6 g,
kJ: 940, kcal: 224, BE: 0

Zubereitung:

1. Tomaten waschen, abtrocknen, halbieren und die Stängelansätze entfernen. Zucchini waschen, abtrocknen und die Enden abschneiden. Zucchini erst in Streifen, dann in kleine Würfel schneiden.

2. Artischockenherzen in einem Sieb abtropfen lassen und vierteln.

3. Backofen vorheizen. In einer großen Pfanne die Hälfte des Öls erhitzen. Die Hälfte der Zucchiniwürfel etwa 2 Minuten darin unter gelegentlichem Rühren andünsten, herausnehmen und beiseitestellen. Übriges Öl erhitzen und die restlichen Zucchiniwürfel darin andünsten. Tomatenhälften, Artischockenviertel und die TK-Kräuter hinzugeben, die Zutaten mit Salz und Pfeffer würzen.

4. Tilapia-Filet unter fließendem kalten Wasser abspülen, trocken tupfen und in insgesamt 16–20 möglichst gleich große Stücke schneiden. Filetstücke von beiden Seiten mit Salz und etwas Chiliflocken würzen.

5. Das mediterrane Gemüse in eine große, gefettete Auflaufform geben. Fischfilet-Stücke nebeneinander auf das Gemüse legen. Die Form auf den Rost in den vorgeheizten Backofen schieben.

Ober-/Unterhitze: etwa 200 °C
Heißluft: etwa 180 °C
Garzeit: etwa 20–25 Minuten (je dicker die Fischfilets sind, desto länger ist die Garzeit).

6. Die Form aus dem Backofen nehmen und Tilapia heiß servieren.

Dazu passt:

Pesto Rosso aus dem Glas und Reis oder Ciabattabrot.

Tipp:

Wenn Sie keine große Auflaufform besitzen, können Sie den Tilapia auf mediterranem Gemüse auch auf einem Backblech verteilen. Sollte der Backofen generell fehlen, so kann man den Fisch auch in der Pfanne zubereiten: Dafür das angedünstete Gemüse in zwei Pfannen verteilen. Die gewürzten Fischfilets nebeneinander darauflegen und zugedeckt bei mittlerer Hitze 8–10 Minuten gar dünsten, dabei nach der Hälfte der Garzeit die Fischfilets vorsichtig mit einer Gabel wenden.

Kleine Warenkunde:

Die Gattung Tilapia wird in großen Mengen im Viktoria-See (Ostafrika) gezüchtet. Von hier gelangt der Barsch per Luftfracht nach Europa und wird unter dem Namen Viktoriabarsch frisch in unseren Kühltheken angeboten. Man bekommt diesen Fisch nur filetiert im Handel. Sein festes, rosafarbenes und grätenarmes Fleisch macht ihn zu einem begehrten Fisch. Der Viktoriabarsch wird wesentlich größer als die hier lebenden Fluss- oder Buntbarsche.

Etwas teurer – für den Mädelsabend

Marinierte Garnelen

Zubereitungszeit: etwa 40 Minuten
ohne Durchziehzeit,
für 8–10 Personen.

Zubereitung:

1. Die Easy Prawns nach Packungsanleitung auftauen lassen.

2. Für die Brühe Möhren putzen, schälen, abspülen, in Scheiben schneiden. Frühlingszwiebeln putzen, waschen abtropfen lassen, in Stücke schneiden. Sellerie putzen und die harten Außenfäden abziehen. Sellerie waschen, abtropfen lassen, ebenfalls in Stücke schneiden. Knoblauchzehe abziehen und halbieren. Thymian abspülen und trocken tupfen.

3. Wein, Wasser, Möhrenscheiben, Frühlingszwiebel- und Selleriestücke, Knoblauch, Thymian, Lorbeerblätter, Zitronenscheiben, Salz und Pfeffer in einem Topf zum Kochen bringen und etwa 10 Minuten kochen lassen.

4. Garnelen hinzufügen und in der Brühe bei schwacher Hitze etwa 4 Minuten ziehen lassen. Garnelen in der Brühe erkalten lassen.

5. Für die Marinade die Frühlingszwiebeln putzen, waschen, abtropfen lassen und in feine Streifen schneiden. Die Knoblauchzehen abziehen und in dünne Scheiben schneiden. Peperoni abspülen, trocken tupfen, halbieren, entkernen, Stängelansätze und weiße Scheidewände entfernen. Peperoni in feine Streifen schneiden.

6. Essig mit Zitronensaft und Weißwein verrühren. Mit Salz, Pfeffer und Honig würzen. Öl mit einem Schneebesen unterschlagen. Zwiebeln, Knoblauch und Peperoni untermischen.

7. Die Garnelenschwänze aus dem Sud nehmen, bis auf das letzte Segment schälen. Die Garnelen in der Marinade mindestens 30 Minuten im Kühlschrank ziehen lassen.

Zutaten:

4 Pck. Easy Prawns (je 250 g)

Für die Brühe:
2 Möhren
1 Bund Frühlingszwiebeln
4 Stangen Staudensellerie
2 Knoblauchzehen
2 Stängel Zitronenthymian
400 ml Weißwein
400 ml Wasser oder Fischfond
2 Lorbeerblätter
4 Zitronenscheiben von 1 Bio-Zitrone (unbehandelt, ungewachst)
Salz
frisch gemahlener Pfeffer

Für die Marinade:
1 Bund Frühlingszwiebeln
4 Knoblauchzehen
2 rote Peperoni
6 EL weißer Balsamico-Essig
2 EL Zitronensaft
4 EL Weißwein
Salz
frisch gemahlener Pfeffer
2 TL Honig
6 EL Olivenöl

E: 8 g, F: 4 g, Kh: 2 g,
kJ: 331, kcal: 80, BE: 0

Dazu passt:

Möhren in Sesam-Honig-Butter. Dafür 1 kg junge Bundmöhren putzen, schälen, abspülen und abtropfen lassen. Enden entfernen, große Möhren vierteln. 50 g Sesamsamen in einer Pfanne ohne Fett rösten. 2 rote Chilischoten abspülen, trocken tupfen, halbieren, entkernen, Stängelansätze und weiße Scheidewände entfernen. 40 g Ingwerwurzel schälen. Chili und Ingwer fein würfeln. 6 grüne Kardamomkapseln aus den Kapseln lösen und im Mörser fein zerstoßen. 70 g Butter in einem Topf zerlassen. Möhren, 5 Esslöffel Honig, Chili, Ingwer und Kardamom dazugeben und bei mittlerer Hitze andünsten. Ab und zu umrühren. Mit Salz würzen und 300 ml Orangensaft hinzugießen. Im geschlossenen Topf 5–6 Minuten dünsten. Anschließend im offenen Topf köcheln, bis die Flüssigkeit fast eingekocht ist. Den Sesam untermischen. 2–3 Stängel Minze abspülen, trocken tupfen und fein hacken. Möhren mit der Minze bestreut servieren.

Tipp:

Für weniger Personen können die Mengen einfach halbiert werden.

Paprika „Olé" Schnell

Zubereitungszeit: etwa 30 Minuten,
ohne Backzeit,
für 2 Personen.

Zubereitung:

1. Paprikaschoten abspülen, abtrocknen, am Stielende einen Deckel abschneiden und mit Hilfe eines Löffels die Kerne und die weißen Scheidewände entfernen. Schoten innen waschen, gut abtropfen lassen. Aubergine waschen, abtrocknen, die Enden abschneiden und in etwa 1 cm kleine Würfel schneiden. Zwiebel und Knoblauchzehe abziehen und fein würfeln. Tomaten waschen, abtrocknen, halbieren und die Stängelansätze herausschneiden. Tomaten grob würfeln. Backofen vorheizen.

2. Öl in einer Pfanne erhitzen. Die Auberginenwürfel darin von allen Seiten bei mittlerer bis großer Hitze kräftig anbraten. Zwiebel- und Knoblauchwürfel hinzugeben und andünsten. Reis zugeben und unter Rühren glasig dünsten.

3. Tomatenwürfel zu der Reismasse geben. Mit 125 ml (⅛ l) Brühe auffüllen, einmal aufkochen und etwa 12 Minuten bei schwacher Hitze kochen lassen. Etwa 5 Minuten bei abgeschalteter Kochstelle ausquellen lassen. Reismasse mit Salz und Chilipulver würzen.

4. Inzwischen Koriander abspülen, trocken tupfen, Blättchen von den Stängeln zupfen. Blättchen fein schneiden und unter die Reismasse mischen. Die Masse in die vorbereiteten Paprikaschoten füllen, die Schoten in eine gefettete Auflaufform setzen und die restliche Brühe darum verteilen. Die Paprikadeckel wieder aufsetzen. Die Form auf dem Rost in den vorgeheizten Backofen schieben.

Ober-/Unterhitze: etwa 200 °C
Heißluft: etwa 180 °C
Backzeit: etwa 45 Minuten.

5. Petersilie abspülen, trocken tupfen, Blättchen von den Stängeln zupfen und fein schneiden. Paprikaschoten mit Petersilie bestreuen und nach Belieben mit etwas Garflüssigkeit servieren.

Für **Auberginen „französisch"** (2 Personen) 2 kleine Auberginen waschen, abtrocknen, der Länge nach einen Deckel abschneiden. Fruchtfleisch mit einem Teelöffel herauslösen, einen etwa ½ cm breiten Rand stehen lassen. Fruchtfleisch fein würfeln. ½ kleine Gemüsezwiebel abziehen, fein würfeln. 1 Knoblauchzehe abziehen, mit 1 Prise Salz zu einer Paste zerdrücken. 2 Fleischtomaten waschen, abtrocknen, halbieren, entkernen. Stängelansätze herausschneiden. Tomaten in kleine Stücke schneiden. 4 Stängel Basilikum abspülen, trocken tupfen, Blättchen von den Stängeln zupfen. Blättchen fein hacken. Auberginen in kochendem Salzwasser etwa 3 Minuten blanchieren, in ein Sieb geben, mit kaltem Wasser übergießen und abtropfen lassen. Auberginen in eine kleine, gefettete Auflaufform setzen. 2 Esslöffel Öl in einem Topf erhitzen, etwa ¾ der Zwiebelwürfel hinzugeben, glasig andünsten. Auberginenwürfel und Tomatenstücke hinzufügen, etwa 10 Minuten schmoren. Knoblauchpaste und Basilikum unterrühren. Mit Salz und Pfeffer würzen. Auberginen mit der Auberginen-Tomaten-Masse füllen und mit 2–3 Esslöffeln geriebenem Emmentaler-Käse bestreuen. Die Auberginen auf dem Rost in den Backofen schieben, **bei angegebener Temperatur etwa 30 Minuten backen.** Für eine Sauce etwa 1 Esslöffel Öl in einem Topf erhitzen, restliche Zwiebelwürfel darin glasig dünsten. ½ Dose Tomatenstücke (200 g) unterheben, unter Rühren zum Kochen bringen. Tomatensauce mit ½ Päckchen 8-TK-Kräuter, Salz und Pfeffer würzen. Gefüllte Auberginen mit der Sauce servieren und nach Belieben mit Basilikumblättchen garnieren.

Champignons „italienisch" von 4 Riesenchampignons die Stielenden abschneiden und die Champignons putzen, evtl. mit Küchenpapier abreiben. Die Stiele aus den

Zutaten:

2 große, grüne Paprikaschoten (etwa 500 g)
½ kleine Aubergine (etwa 125 g)
1 Zwiebel
1 Knoblauchzehe
3 Tomaten (etwa 175 g)
4 EL Olivenöl
60 g Rundkornreis
200 ml Gemüsebrühe
Salz
Chilipulver
½ Bund Koriander (ersatzweise 1 gehäufte Msp. gemahlener Koriander)
4 Stängel glatte Petersilie

E: 6 g, F: 23 g, Kh: 34 g,
kJ: 1582, kcal: 377, BE: 2,0

Champignonköpfen drehen und aus den Köpfen die Lamellen herausschaben. Köpfe und Stiele abspülen und trocken tupfen. Stiele fein würfeln. 2 kleine Tomaten waschen, abtrocknen, halbieren und die Stängelansätze herausschneiden. Tomaten fein würfeln. 2 Scheiben Schinkenspeck in kleine Würfel schneiden. 1 kleine Zwiebel abziehen, fein würfeln. 1 Esslöffel Butter zerlassen, Speck- und Zwiebelwürfel darin andünsten. Champignonwürfel zufügen und mitdünsten. Tomatenwürfel unterrühren, mit Salz, Pfeffer und ½ Päckchen Italienische-TK-Kräuter würzen, 6–8 Minuten dünsten. Die Champignonköpfe innen mit Salz und Pfeffer bestreuen, die Füllung hineingeben und in eine kleine, gefettete Auflaufform geben. 2 Esslöffel geriebenen Parmesan-Käse daraufstreuen. 100 g Schlagsahne mit 1 Esslöffel Tomatenmark, Salz und Pfeffer und ½ Teelöffel getrocknetem Oregano in einem kleinen Topf zum Kochen bringen. Sauce in die Form gießen. Die Champignons auf dem Rost in den Backofen schieben, **bei angegebener Temperatur etwa 30 Minuten backen.**

Spanische Zitronenkartoffeln

Leicht und lecker

Zubereitungszeit: etwa etwa 30 Minuten,
ohne Durchziehzeit,
für 2 Personen.

Zutaten:

etwa 400 g kleine, festkochende Kartoffeln
1 Bio-Zitrone (unbehandelt, ungewachst)

Für die Marinade:
½ Bund glatte Petersilie
½–1 Knoblauchzehe
½ TL Fenchelkörner
6 EL (etwa 70 ml) Gemüsebrühe
½–1 EL Sherry-Essig
3 EL Olivenöl
Salz
frisch gemahlener Pfeffer
½–1 TL brauner Zucker
(ersatzweise weißer Zucker)

E: 4 g, F: 15 g, Kh: 32 g,
kJ: 1242, kcal: 296, BE: 2,5

Zubereitung:

1. Kartoffeln gründlich waschen, in einem Topf mit Wasser bedeckt zum Kochen bringen und in 20–25 Minuten mit Deckel gar kochen. Kartoffeln abgießen, mit kaltem Wasser abschrecken, abtropfen lassen und pellen.

2. Zitrone heiß abwaschen, abtrocknen, längs halbieren und in dünne Spalten schneiden, die Kerne entfernen.

3. Für die Marinade Petersilie abspülen, trocken tupfen und die Blättchen von den Stängeln zupfen. Blättchen in schmale Streifen schneiden. Knoblauchzehe abziehen und durch eine Knoblauchpresse drücken oder fein hacken. Fenchel in einem Mörser zerdrücken oder fein hacken.

4. Die Gemüsebrühe in einem kleinen Topf zum Kochen bringen, Topf von der Kochstelle nehmen. Essig, Olivenöl, Petersilienstreifen, Knoblauch und Fenchel unterrühren. Marinade mit Salz und Pfeffer würzen.

5. Gepellte Kartoffeln und Zitronenspalten in eine Schüssel geben, mit der Marinade übergießen und mindestens 2 Stunden ziehen lassen. Zitronenkartoffeln mit Salz, Pfeffer und Zucker abschmecken.

Dazu passt:

Grüner Blattsalat wie Feld- oder Kopfsalat.

Tipp:

Zitronenkartoffeln als Beilage zu kurz gebratenem Fleisch, Fisch oder Geflügel.

Zutaten:

Für gefüllte Zucchini:
4 eingelegte Peperoni (aus dem Glas)
2 kleine, feste Zucchini (je etwa 150 g)
Salz
frisch gemahlener Pfeffer
1 kleine Zwiebel
1 Knoblauchzehe
2½ EL Olivenöl
2 EL (60 g) stückige Tomaten
(aus der Dose oder Tetra Pak®)
1 EL gehackte Petersilie
125 ml (⅛ l) Gemüsebrühe
einige schwarze Oliven

E: 3 g, F: 12 g, Kh: 8 g,
kJ: 679, kcal: 162, BE: 0

Schnell

Dolma
(türkisch gefülltes Gemüse)

Zubereitungszeit: etwa 25 Minuten, für 2 Personen.

Zubereitung:

1. Peperoni in einem Sieb abtropfen lassen. Zucchini waschen, abtrocknen, die Enden abschneiden und Zucchini längs halbieren. Zucchini mit einem Teelöffel aushöhlen, dabei einen 1 cm breiten Rand stehen lassen. Zucchinifruchtfleisch in feine Würfel hacken. Zucchiniwürfel salzen und pfeffern. Zwiebel und Knoblauchzehe abziehen und fein hacken.

2. 1½ Esslöffel Öl in einer Pfanne erhitzen. Zwiebel und Knoblauch darin andünsten. Zucchiniwürfel und Tomatenstücke zufügen und alles bei mittlerer Hitze 2–3 Minuten unter Rühren dünsten. Petersilie unterrühren, mit Salz und Pfeffer abschmecken. Füllung in die Zucchini geben.

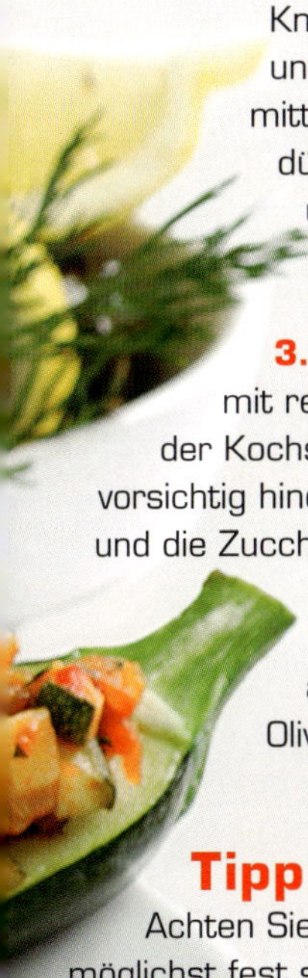

3. In einem breiten, flachen Topf Brühe mit restlichem Öl aufkochen lassen. Topf von der Kochstelle nehmen und die gefüllten Zucchini vorsichtig hineinsetzen. Alles erneut aufkochen lassen und die Zucchini zugedeckt bei schwacher Hitze 5–8 Minuten bissfest garen. Zucchini mit einer Schaumkelle herausnehmen und auf einen Teller setzen. Mit Peperoni und Oliven servieren.

Tipp:

Achten Sie beim Einkauf darauf, dass die Zucchini möglichst fest sind, diese kann man am besten aushöhlen und bissfest garen.

Variante:

Für **Weinblattröllchen mit Kräuterreis** (etwa 14 Stück) etwa 115 g Weinblätter (aus dem Glas) auseinanderfalten, kalt abspülen, abtropfen lassen und trocken tupfen. 1 kleine Zwiebel abziehen und fein hacken. 1 Esslöffel Olivenöl in einem kleinen Topf erhitzen und die gehackte Zwiebel darin andünsten. 40 g Patna-Reis zufügen. Den Reis so lange im heißen Fett dünsten, bis alle Reiskörner glasig überzogen sind. Knapp 125 ml (⅛ l) Wasser mit 1–2 Prisen Salz hinzufügen, aufkochen und zugedeckt bei schwacher Hitze etwa 15 Minuten garen, bis das Wasser verdampft ist. 1½ Esslöffel Tomatenstücke (aus der Dose) zum gegarten Reis geben und erwärmen. Je 1 Esslöffel gehackte Petersilie, Dill und Minze unter die Reis-Tomaten-Masse rühren. Füllung mit Salz, Pfeffer und Piment abschmecken.
Den Boden eines Topfes (Ø etwa 20 cm) mit 6–8 eingerissenen oder sehr kleinen Weinblättern auslegen. Von den übrigen Weinblättern (etwa 14 Stück) die Stiele mit einer Schere abschneiden. Weinblätter, mit der Rückseite nach oben, auf die Arbeitsfläche legen. Auf jedes Weinblatt am Stielansatz 1 Teelöffel Füllung geben, länglich formen, beide Blattseiten zur Mitte darüberklappen und bis zur Spitze wie Zigarren aufrollen. Röllchen dicht nebeneinander auf den Topfboden legen, mit der Öffnung nach unten. So viel Wasser (etwa 200 ml) hinzugießen, dass die Röllchen knapp bedeckt sind.
Zum Beschweren einen umgedrehten Teller darauflegen. Aufkochen lassen und zugedeckt bei schwacher Hitze etwa 40 Minuten garen. Inzwischen 1 Knoblauchzehe abziehen, fein hacken und mit 150 g Joghurt (3,5 % Fett) verrühren. Mit Salz und Pfeffer würzen. Heiße Weinblattröllchen mit dem Knoblauchdip servieren.

Tipp:

Die in Salzlake eingelegten Weinblätter gibt es bei uns eingerollt im Glas oder eingeschweißt in Folie.

Zu allen Gerichten schmeckt frisches Fladenbrot. Wer mag, kann den Reis vor dem Garen in einem Sieb abspülen, um die anhaftende Stärke zu entfernen.

Einfach Gemüseschnitzel

Zubereitungszeit: etwa 30 Minuten, für 1 Person.

Zutaten:

200 g Gemüse, z. B. Knollensellerie, Zucchini, Steckrübe, Süßkartoffel, Rote Bete
500 ml (½ l) Salzwasser
Salz
frisch gemahlener Pfeffer
2 EL Weizenmehl
4 EL Semmelbrösel
1 Ei (Größe S)
1½ EL Speiseöl, z. B. Rapsöl
15 g Butter

E: 12 g, F: 21 g, Kh: 51 g, kJ: 1851, kcal: 442, BE: 4,0

Zubereitung:

1. Gemüse putzen, schälen, abspülen und abtropfen lassen. Das Gemüse in etwa ½ cm dicke Scheiben schneiden. Gemüsescheiben in kochendem Salzwasser 3–5 Minuten garen. Gemüse gut abtropfen lassen, dann mit Salz und Pfeffer würzen.

2. Mehl, Semmelbrösel und Ei in je einen tiefen Teller geben. Ei mit einer Gabel verschlagen. Die Gemüsescheiben nacheinander in Mehl, Ei und Semmelbröseln wenden. Die Semmelbrösel leicht andrücken.

3. Das Öl in einer großen beschichteten Pfanne erhitzen. Die Gemüsescheiben darin von jeder Seite in etwa 2 Minuten goldgelb braten. Kurz vor Ende der Bratzeit die Butter mit in die Pfanne geben und darin zerlassen.

Tipp:

Die Gemüseschnitzel als vegetarisches Hauptgericht, z. B. mit einem **Kräuterquark** (für 1 Person) servieren. Für den Kräuterquark 1 kleine Zwiebel abziehen und fein würfeln. 100 g Magerquark mit 1 Esslöffel Milch, 2 Esslöffeln Crème fraîche und der gewürfelten Zwiebel verrühren. Quark mit Salz und Pfeffer würzen. 2 Esslöffel gemischte, frisch gehackte Kräuter, z. B. Schnittlauch, glatte Petersilie, Kerbel, Dill unterrühren (ersatzweise TK-Kräuter) und zu den Gemüseschnitzeln servieren.

Noch ein Tipp:

Knollensellerie, Zucchini und Steckrübe müssen nicht unbedingt in kochendem Salzwasser vorgegart werden. Hier reicht es, wenn die panierten Gemüsescheiben gleich in der Pfanne gebraten werden. Wichtig: Dann die Gemüsescheiben 3–4 Minuten pro Seite braten.

Variante:

Sie können Gemüseschnitzel auch mit unterschiedlichen Panaden zubereiten. Dafür nur 3 Esslöffel Semmelbrösel mit 1 Esslöffel frisch geriebenem Parmesan-Käse oder 10 g fein gehackten Sonnenblumenkernen mischen. Ersetzen Sie die Semmelbrösel durch 50 g zerkleinerte Cornflakes, dann erhalten Sie eine knusprige Panade.

Dazu passt:

Champignon-Reis-Salat (für 2 Personen). Hierfür 50 g Naturreis mit 150 ml Gemüsebrühe in einem geschlossenen Topf zum Kochen bringen und bei schwacher Hitze nach Packungsanleitung etwa 30 Minuten garen. Anschließend Reis in ein Sieb geben, abtropfen und abkühlen lassen. 1 Frühlingszwiebel putzen, abspülen, abtropfen lassen und in feine Scheiben schneiden. 50 g Joghurt mit 25 g Joghurt-Salatcreme verrühren, mit Salz, Pfeffer, 1 Messerspitze Zucker und etwas Cayennepfeffer abschmecken. Mit den Frühlingszwiebelscheiben unter den Reis heben. Die Masse mit Frischhaltefolie zugedeckt etwa 30 Minuten in den Kühlschrank stellen. 50 g Champignons putzen, mit Küchenpapier abreiben und halbieren oder in Scheiben schneiden. 1 Esslöffel Speiseöl in einer kleinen Pfanne erhitzen und die Champignonhälften oder -scheiben unter Rühren darin etwa 2 Minuten braten. Mit Salz und Pfeffer würzen, dann abkühlen lassen. Etwa 100 g Möhren putzen, schälen, abspülen und abtropfen lassen. Möhren in feine Stifte schneiden. ½ gelbe Paprikaschote entstielen, entkernen und die weißen Scheidewände entfernen. Schote abspülen, abtrocknen und fein würfeln. Pilze, Möhren und Paprika mit der kalt gestellten Reismasse vermengen und nach Belieben mit 1 Esslöffel Schnittlauchröllchen bestreut servieren.

Zubereitungszeit: etwa 30 Minuten, für 1 Person.

Simpel Blumenkohl-Curry

Zubereitung:

1. Von dem Blumenkohl die Blätter und die schlechten Stellen entfernen, den Strunk abschneiden und den Blumenkohl in Röschen teilen. Blumenkohlröschen abspülen und gut abtropfen lassen. Blumenkohlröschen in kochendem Salzwasser mit Deckel bei mittlerer Hitze etwa 10 Minuten bissfest garen.

2. In der Zwischenzeit Porree putzen, die Stange längs halbieren, gründlich abspülen und abtropfen lassen. Möhre putzen, schälen, abspülen und abtropfen lassen. Porree und Möhre in dünne Scheiben schneiden.

3. Schalotte abziehen, fein würfeln. Chilischote halbieren, entstielen, entkernen und die Scheidewände entfernen. Schote abspülen, abtropfen lassen und in feine Streifen schneiden.

4. Butter in einem Topf zerlassen. Schalottenwürfel und Chilistreifen kurz darin andünsten. Porree- und Möhrenscheiben hinzufügen, unter Rühren ebenfalls kurz andünsten. Salz, Currypulver und Piment unterrühren. Zitronensaft, Wasser und Honig hinzufügen und alles einmal aufkochen lassen. Gemüse mit Deckel etwa 8 Minuten garen, dabei gelegentlich umrühren.

5. Das Ei in Spalten schneiden. Blumenkohl mit einer Schaumkelle aus dem Wasser nehmen, abtropfen lassen, mit den Eispalten zum Gemüse geben und kurz darin erwärmen.

6. Joghurt unter das Blumenkohl-Curry rühren und evtl. nochmals mit den Gewürzen abschmecken.

Zutaten:

300 g Blumenkohl
Salz
50 g Porree
75 g Möhre
1 kleine Schalotte
1 kleine rote Chilischote
10 g Butter
1 Msp. Currypulver
2 Prisen gemahlener Piment
Saft von ½ Zitrone
2 EL Wasser
1 TL Honig
1 hart gekochtes Ei
75 g Joghurt

E: 8 g, F: 9 g, Kh: 10 g,
kJ: 687, kcal: 164, BE: 0,5

Variante:

Ersetzen Sie den Blumenkohl durch die gleiche Menge Brokkoli. Die Garzeit verringert sich für die Brokkoliröschen auf 5–7 Minuten.

Tipps:

Die Kombination aus Ei und Joghurt beim Blumenkohl-Curry ist optimal für Ovo-Lacto-Vegetarier. Beide Lebensmittel liefern hochwertiges tierisches Eiweiß, dass der Körper selbst nicht aufbauen kann.

Statt Ei können Sie auch eine handvoll Soja- oder Mungobohnensprossen über das Curry streuen. Dafür die Sprossen in ein Sieb geben, unter fließendem kalten Wasser abspülen und gut abtropfen lassen, evtl. auf ein Küchentuch geben. Sprossen kurz vor dem Servieren auf das Gemüse-Curry streuen. Die Sprossen liefern für unsere tägliche Ernährung wichtiges pflanzliches Eiweiß.

Noch ein Tipp:

Blumenkohl hält sich im Gemüsefach des Kühlschrankes mehrere Tage lang frisch.

Dazu passen:

Naan-Brot (flaches, indisches Gewürzbrot) und **Reissalat** (für 2 Personen). Für den Reissalat 100 g Langkornreis in 250 ml (¼ l) Gemüsebrühe im geschlossenen Topf aufkochen und bei schwacher Hitze nach Packungsanleitung in 16–18 Minuten bissfest garen. Anschließend in ein Sieb geben, abtropfen und abkühlen lassen. 200 g Staudensellerie putzen, die harten Außenfäden abziehen. Sellerie abspülen, abtropfen lassen und in Scheiben schneiden. 2 Fleischtomaten abspülen, abtropfen lassen, halbieren und die Stängelansätze herausschneiden. Tomaten würfeln. ½ Bund Frühlingszwiebeln putzen, abspülen, abtropfen lassen und in feine Scheiben schneiden. Sellerie-, Frühlingszwiebelscheiben und Tomatenwürfel mit dem abgekühlten Reis vermengen. Reis mit 2–3 Esslöffeln frisch gepresstem Zitronensaft, 1 Esslöffel Distelöl, Salz, Pfeffer, etwas Chilipulver und je ½ Esslöffel frisch gehackter Minze und frisch gehackten Dillspitzen abschmecken.

Tipp:

Auberginen enthalten oft einen bitteren Saft, besonders die ausgereiften Früchte mit ihren gut entwickelten Samenkernen. Das Salz entwässert die Auberginen und entzieht ihnen somit den Bitterstoff. Gleichzeitig nehmen die Auberginen weniger Fett beim Braten auf.

Einfach

Auberginen „Lido“

Zubereitungszeit: etwa 20 Minuten, ohne Ziehzeit, für 2 Personen.

Zutaten:

400 g Auberginen
Salz
6–8 EL Speiseöl, z. B. Sonnenblumenöl
2 Knoblauchzehen
1 Dose stückige Tomaten (400 g)
frisch gemahlener Pfeffer
1 Msp. gerebelter Majoran
1–2 Stängel Basilikum
2 Zitronenachtel

E: 4 g, F: 31 g, Kh: 10 g,
kJ: 1402, kcal: 334, BE: 0,5

Zubereitung:

1. Auberginen abspülen, abtropfen lassen und die Enden abschneiden. Die Auberginen in etwa 2 cm große Würfel schneiden, mit Salz bestreuen und etwa 20 Minuten ziehen lassen. Anschließend die Auberginenwürfel mit Küchenpapier trocken tupfen.

2. Öl portionsweise in einer Pfanne erhitzen. Die Auberginenwürfel darin portionsweise bei mittlerer bis starker Hitze anbraten. Dabei gelegentlich wenden. Anschließend zum Abtropfen auf Küchenpapier geben.

3. Knoblauchzehen abziehen, fein hacken und im verbliebenen Bratfett andünsten. Tomatenstücke hinzugeben und einmal aufkochen lassen.

4. Die Tomatensauce mit Salz, Pfeffer und Majoran abschmecken. Die Auberginenwürfel hineingeben, verrühren und kurz darin erwärmen. Basilikum abspülen, trocken tupfen und die Blättchen von den Stängeln zupfen.

5. Auberginen mit Basilikumblättchen und Zitronenachteln servieren.

Dazu passen:

Fladenbrot und ein **einfacher Eiersalat** (für 2 Personen). Hierfür 3 hart gekochte Eier pellen und in Scheiben schneiden. 100 g Gouda-Käse in kleine Würfel und 3–4 Gewürzgurken in Scheiben schneiden. 1 kleine, rote Paprikaschote halbieren, entstielen, entkernen und die weißen Scheidewände entfernen. Schote abspülen, abtropfen lassen und in feine Streifen oder Würfel schneiden. Eier, Käse und Paprika vermengen. Für die Sauce ½ Becher (75 g) Crème légère mit 1½ Esslöffeln Milch und ½ Teelöffel mittelscharfem Senf verrühren. Die Sauce mit Salz, Pfeffer und etwas Worcestersauce würzen. Die Sauce mit den vorbereiteten Salatzutaten vermengen und mit 1 Esslöffel Schnittlauchröllchen bestreuen. Nach Belieben können Sie zusätzlich 2–3 Esslöffel abgetropften Gemüsemais unter den Eiersalat heben.

Raffiniert – schnell

Gebackene Käsewürfel auf Kohlrabiragout

Zubereitungszeit: etwa 30 Minuten, für 2 Personen.

Zubereitung:

1. Von dem Kohlrabi die Blätter entfernen, die zarten Blätter in feine Streifen schneiden und zum Garnieren beiseitelegen. Kohlrabi schälen, abspülen, abtropfen lassen und in etwa 1 cm große Würfel schneiden.

2. Zwiebel abziehen und fein würfeln. Butter in einem Topf zerlassen und die Zwiebel darin glasig dünsten.

3. Kohlrabiwürfel mit Majoran, Salz und Pfeffer hinzufügen und unter Rühren kurz darin andünsten. Brühe zugießen, zum Kochen bringen und mit Deckel etwa 10 Minuten bei schwacher Hitze dünsten. Dabei gelegentlich umrühren.

4. Inzwischen den Käse in etwa 2 cm große Würfel schneiden. Ei und Semmelbrösel in je einen tiefen Teller geben. Das Ei mit einer Gabel verschlagen.

5. Käsewürfel nacheinander zuerst in Ei, dann in Semmelbröseln wenden. Semmelbrösel leicht andrücken.

6. Die Hälfte des Butterschmalzes in einer großen, beschichteten Pfanne erhitzen. Einige Käsewürfel hineinlegen und von allen Seiten bei mittlerer Hitze goldgelb braten. Anschließend auf Küchenpapier abtropfen lassen. Restliche Käsewürfel im verbliebenen Butterschmalz ebenso braten.

7. Kohlrabi mit Petersilie und beiseite gelegten Kohlrabiblättchen vorsichtig vermengen. Die gebackenen Käsewürfel auf dem Kohlrabiragout verteilen und servieren.

Dazu passt:

Römersalat mit Zucchini und gebratenen Mozzarella-Streifen (für 2 Personen). 250 g Zucchini abspülen, abtropfen lassen, die Enden abschneiden. Zucchini in Scheiben schneiden. Zucchinischeiben mit etwa ½ Teelöffel Salz bestreuen und etwa 10 Minuten ziehen lassen. Inzwischen 75 g Staudensellerie putzen, die harten Außenfäden abziehen. Sellerie abspülen, abtropfen lassen und in Scheiben schneiden. 1 rote Paprikaschote halbieren, entstielen, entkernen und die weißen Scheidewände entfernen. Schote abspülen, abtropfen lassen und würfeln. Von ½ Kopf Römersalat die äußeren welken Blätter entfernen. Salat waschen, trocken tupfen oder schleudern und in breite Streifen schneiden. Zucchinischeiben trocken tupfen. 1–2 Esslöffel Olivenöl in einer großen Pfanne erhitzen und die Zucchinischeiben darin unter gelegentlichem Wenden braten. Paprikawürfel hinzugeben und kurz mitbraten. Zucchinischeiben, Paprikawürfel und Selleriescheiben in eine Schüssel geben, mit Pfeffer und etwas gemahlenem Kreuzkümmel (Cumin) würzen. Für die Sauce 2 Esslöffel Rotweinessig mit Salz und Pfeffer verrühren. 3–4 Esslöffel Olivenöl unterschlagen. Das vorbereitete Gemüse mit der Sauce vermengen. Für die gebratenen Mozzarella-Streifen 1 Packung (125 g) Mozzarella-Käse abtropfen lassen und in dicke Streifen schneiden. 1 Eiweiß (Größe M) mit 2 Prisen Salz verschlagen. 1 gehäufter Esslöffel Weizenmehl, 25 g helle, geschälte Sesamsamen und 25 g dunkle Sesamsamen jeweils getrennt auf einen Teller geben. Mozzarella-Streifen nacheinander erst in Mehl, dann in Eiweiß und hellem oder dunklem Sesam wenden. Sesam dabei leicht andrücken. 3 Esslöffel Speiseöl in einer großen Pfanne erhitzen. Die panierten Mozzarella-Streifen darin bei mittlerer Hitze von beiden Seiten jeweils etwa 2 Minuten braten. Mozzarella-Streifen aus der Pfanne nehmen und auf Küchenpapier abtropfen lassen. Römersalatstreifen mit den restlichen Salatzutaten vermegen, auf Tellern anrichten und die Mozzarella-Streifen darauf verteilen.

Zutaten:

etwa 400 g Kohlrabi
1 kleine Zwiebel
25 g Butter
1 Msp. getrockneter, gerebelter Majoran
Salz
frisch gemahlener Pfeffer
50 ml Gemüsebrühe
200 g Gouda- oder Edamer-Käse (am Stück)
1 Ei (Größe M)
2 EL Semmelbrösel
etwa 80 g Butterschmalz zum Ausbacken
½ EL frisch gehackte Petersilie (ersatzweise TK-Petersilie)

E: 33 g, F: 51 g, Kh: 17 g,
kJ: 2761, kcal: 660, BE: 1,0

Einfach lecker

Tofu-Gemüse-Ragout

Zubereitungszeit: etwa 35 Minuten,
für 2 Personen.

Zutaten:

1 Knoblauchzehe
1 Zwiebel
je ½ grüne und rote Paprikaschote
125 g Zucchini
200 g Auberginen
200 g Tomaten
3 EL Olivenöl
Salz, frisch gemahlener Pfeffer
je 1 Msp. gerebelter Rosmarin, Thymian und Oregano
200–250 g Tofu
75 g Oliven mit Kräutern (aus dem Glas)

E: 22 g, F: 27 g, Kh: 12 g,
kJ: 1631, kcal: 389, BE: 0,5

Zubereitung:

1. Knoblauchzehe und Zwiebel abziehen, beides fein würfeln. Paprikaschoten entstielen, entkernen und die weißen Scheidewände entfernen. Schoten abspülen, abtropfen lassen und in Würfel schneiden. Zucchini und Aubergine abspülen, abtropfen lassen, die Enden abschneiden. Beides grob würfeln. Tomaten abspülen, abtropfen lassen, halbieren und die Stängelansätze herausschneiden. Tomaten grob würfeln.

2. In einem Topf 2 Esslöffel Öl erhitzen. Knoblauch- und Zwiebelwürfel darin unter Rühren kurz andünsten. Zucchini- und Auberginenwürfel zugeben, mit Salz, Pfeffer und den getrockneten Kräutern würzen. Gemüse unter Rühren bei schwacher Hitze mit Deckel 5–8 Minuten dünsten.

3. Paprikawürfel dazugeben und weitere etwa 5 Minuten mit Deckel dünsten. Die Tomatenstücke unterheben und einmal aufkochen lassen.

4. Inzwischen Tofu in Würfel schneiden. Restliches Öl in einer Pfanne erhitzen. Tofuwürfel darin von allen Seiten bei mittlerer Hitze anbraten.

5. Tofuwürfel mit den Oliven zum Gemüse geben und vorsichtig untermengen. Ragout mit Deckel noch etwa 5 Minuten garen. Das Ragout nach Belieben mit den Gewürzen abschmecken.

Tipp:

Statt Rosmarin, Thymian und Oregano etwa 1 Teelöffel Kräuter der Provence verwenden.

Dazu passen:

Rosmarin-Kartoffeln (für 2 Personen). 500 g neue Kartoffeln gründlich waschen, evtl. abbürsten, abtropfen lassen. Kartoffeln der Länge nach in dünne Spalten schneiden. 4–5 Esslöffel Olivenöl in einer großen Pfanne erhitzen. Die Kartoffelspalten hinzugeben, mit Salz und Pfeffer würzen. 1 großen Stängel frischen Rosmarin abspülen, trocken tupfen und die Nadeln vom Stängel zupfen. Nadeln hacken und ebenfalls zu den Kartoffelspalten geben. Kartoffeln etwa 20 Minuten braten, bis sie eine braune Kruste haben, dabei ab und zu wenden.

Variante:

Tofu-Geschnetzeltes (für 2 Personen). 400–500 g Tofu zuerst in Scheiben, dann in dünne Streifen schneiden und in eine flache Auflaufform legen. 1 Knoblauchzehe abziehen, in dünne Scheiben schneiden und über dem Tofu verteilen. Saft von 1½ Zitronen auspressen. Zitronensaft mit 125 ml (⅛ l) Olivenöl und 1–2 Teelöffel TK-Gemischte Kräuter verrühren. Ölmischung über den Tofu gießen. Tofu etwa 1 Stunde mit Frischhaltefolie zugedeckt im Kühlschrank durchziehen lassen. 1 kleine Zwiebel abziehen, zunächst in Scheiben schneiden, dann in Ringe teilen. 1 grüne Paprikaschote halbieren, entstielen, entkernen und die weißen Scheidewände entfernen. Schote abspülen, abtropfen lassen und in Streifen schneiden. 1 Esslöffel Olivenöl in einer Pfanne erhitzen. Tofu-Streifen aus der Kräutermarinade nehmen, etwas trocken tupfen und im heißen Öl bei mittlerer Hitze rundherum anbraten. Zwiebelringe und Paprikastreifen zu dem Tofu in die Pfanne geben und kurz mitbraten. 4 Tomaten abspülen, abtropfen lassen, halbieren und die Stängelansätze entfernen. Tomatenhälften in Spalten schneiden und mit 75 g abgetropften, schwarzen Oliven (ohne Stein) zum Tofu geben. 100 ml Gemüsebrühe hinzugießen. Das Tofu-Geschnetzelte mit Deckel etwa 5 Minuten garen und mit Pfeffer abschmecken. Servieren Sie das Tofu-Geschnetzelte nach Belieben mit Vollkornreis.

Raffiniert

Champignon-frikadellen

Zubereitungszeit: etwa 35 Minuten, ohne Abkühlzeit, für 2 Personen.

Zubereitung:

1. Champignons putzen, mit Küchenpapier abreiben und fein würfeln.

2. Schalotten abziehen und fein würfeln. 1 Esslöffel Öl in einer großen Pfanne erhitzen und die Schalottenwürfel darin glasig dünsten. Die Pilze hinzufügen und unter gelegentlichem Rühren bei mittlerer Hitze solange mitdünsten, bis das Pilzwasser verdampft ist (etwa 5 Minuten). Pilze in eine Schüssel geben und etwas abkühlen lassen. Brötchen in kaltem Wasser einweichen.

3. Knoblauchzehe abziehen, fein hacken. Das Brötchen gut ausdrücken, mit dem Knoblauch und dem Ei zu den gedünsteten Champignons geben. Pilzmasse mit Salz, Pfeffer und Majoran würzen. Die Zutaten vermengen.

4. Semmelbrösel in einen tiefen Teller geben. Aus der Pilzmasse 6 flache Frikadellen formen und in den Semmelbröseln wenden.

5. Restliches Öl in der Pfanne erhitzen. Die Frikadellen hineinlegen und etwa 4 Minuten von jeder Seite bei mittlerer Hitze knusprig braten.

Tipp:

Am besten lassen sich die Champignonfrikadellen mit einem Pfannenwender in den Semmelbröseln wenden, da die Pilzmasse sehr weich ist.

Noch ein Tipp:

Zu den Champignonfrikadellen schmeckt auch ein **Kräuterdip**. Hierfür je 75 g Joghurt und Crème fraîche verrühren. 2 Esslöffel gehackte Kräuter (frisch oder TK-Ware, z. B. Schnittlauch, Petersilie) unterrühren. Alles mit Salz und Pfeffer abschmecken.

Dazu passt:

Kartoffelsalat (für 2 Personen). Hierfür 400 g festkochende Kartoffeln gründlich waschen, in einem Topf mit Wasser bedeckt zum Kochen bringen und mit Deckel bei mittlerer Hitze 20–25 Minuten gar kochen. Anschließend Kartoffeln abgießen, kurz mit kaltem Wasser abspülen und abtropfen lassen. Kartoffeln noch heiß pellen und etwas abkühlen lassen. Kartoffeln in Scheiben schneiden und in eine Schüssel geben. 1 Zwiebel abziehen und fein würfeln. 100 g Gewürzgurken abtropfen lassen, Gurkenflüssigkeit dabei auffangen. 2 hart gekochte Eier pellen und würfeln. Zwiebel-, Gurken- und Eierwürfel mit den Kartoffelscheiben vermengen. Für die Salatsauce 100 g Salatmayonnaise mit 2 Esslöffeln von der Gurkenflüssigkeit verrühren. Salatsauce mit Salz und Pfeffer abschmecken. Die vorbereiteten Salatzutaten mit der Salatsauce vermengen. Den Salat mindestens 30 Minuten mit Frischhaltefolie zugedeckt im Kühlschrank ziehen lassen. Salat vor dem Servieren nochmals mit Salz und Pfeffer abschmecken.

Variante:

Kartoffelfrikadellen (für 2 Personen). Hierfür 500 g mehligkochende Kartoffeln schälen, abspülen, abtropfen lassen und in Stücke schneiden. Kartoffelstücke in einem Topf mit Salzwasser knapp bedeckt zum Kochen bringen. Kartoffeln mit Deckel etwa 20 Minuten kochen. Inzwischen 25 g Kürbiskerne in einer Pfanne ohne Fett rösten, dann herausnehmen und auf einem Teller abkühlen lassen. Kürbiskerne hacken. 1 kleine Zwiebel und 1 Knoblauchzehe abziehen, beides fein würfeln. 1 Esslöffel Öl in einer Pfanne erhitzen. Zwiebel- und Knoblauchwürfel darin andünsten. 1 Esslöffel gehackte Petersilie mit den Kürbiskernen zu der Zwiebel-Knoblauch-Masse in die Pfanne geben. Kartoffeln abgießen, kurz abdämpfen und mit einem Kartoffelstampfer zerdrücken. Zwiebelmasse mit den zerdrückten Kartoffeln vermengen, mit Salz und Pfeffer kräftig würzen. Die Kartoffelmasse etwa 20 Minuten durchziehen lassen. Je 2 Esslöffel Weizenmehl und Semmelbrösel in jeweils einen tiefen Teller geben. 1 Ei in einem tiefen Teller mit einer Gabel verschlagen. Abgekühlte Kartoffelmasse zu kleinen Frikadellen formen und flach drücken. Kartoffelfrikadellen nacheinander in Mehl, Ei und Semmelbrösel wenden. 3 Esslöffel Öl in einer Pfanne erhitzen und die Frikadellen portionsweise bei mittlerer Hitze darin von jeder Seite 2–3 Minuten goldbraun braten.

Zutaten:

400 g Champignons
2 Schalotten
3–4 EL Speiseöl, z. B. Sonnenblumenöl
1 Brötchen (Semmel) vom Vortag
1 Knoblauchzehe
1 Ei (Größe M)
Salz
frisch gemahlener Pfeffer
½ TL gehackte Majoranblättchen
(ersatzweise 1 Msp. gerebelter Majoran)
3–4 EL Semmelbrösel

E: 17 g, F: 19 g, Kh: 36 g,
kJ: 1596, kcal: 381, BE: 3,0

Gnocchi mit Tomatensauce

Schnell zubereitet

Zubereitungszeit: etwa 25 Minuten,
für 2 Personen.

Zutaten:

Für die Tomatensauce:
1 Zwiebel
4 Fleischtomaten
2 EL Olivenöl
25 g TK-Italienische Kräuter
200 ml Gemüsebrühe
8 EL Tomatenketchup
Salz
frisch gemahlener Pfeffer

Für die Gnocchi:
2 l Wasser
2 gestr. TL Salz
500–600 g frische Gnocchi
(aus dem Kühlregal)

E: 17 g, F: 13 g, Kh: 133 g,
kJ: 3024, kcal: 721, BE: 10,0

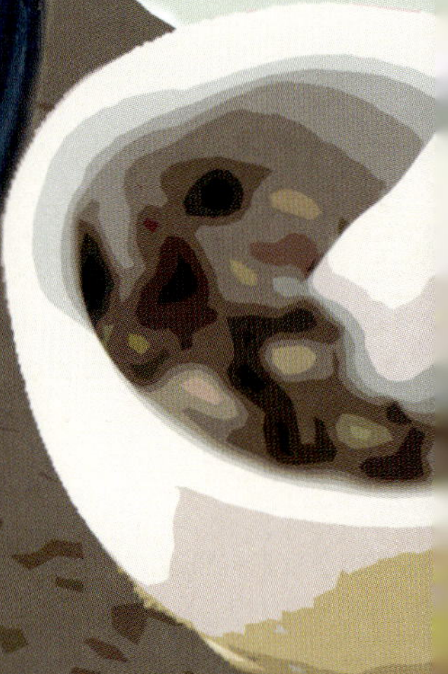

Zubereitung:

1. Für die Tomatensauce Zwiebel abziehen und in kleine Würfel schneiden. Fleischtomaten abspülen, abtropfen lassen, halbieren und die Stängelansätze herausschneiden. Tomaten in Würfel schneiden.

2. Olivenöl in einer Pfanne erhitzen und die Zwiebelwürfel darin glasig dünsten. Tomatenwürfel und TK-Kräuter hinzufügen und kurz mitdünsten. Gemüsebrühe hinzugießen und Tomatenketchup unterrühren. Tomatensauce unter gelegentlichem Rühren aufkochen, dann 3–4 Minuten bei mittlerer Hitze einkochen lassen. Tomatensauce mit Salz und Pfeffer würzen, anschließend warm stellen.

3. Für die Gnocchi in der Zwischenzeit Wasser mit Salz in einem geschlossenen Topf zum Kochen bringen. Gnocchi zugeben und im geöffneten Topf bei mittlerer Hitze nach Packungsanleitung zubereiten. Anschließend die Gnocchi in ein Sieb geben, mit heißem Wasser abspülen und abtropfen lassen.

4. Gnocchi mit der Tomatensauce servieren.

Tipp:

Noch schneller geht es, wenn Sie fertige Tomatensauce (aus dem Tetra Pak®) verwenden. Diese gibt es in verschiedenen Geschmacksrichtungen zu kaufen (z. B. mit Kräutern, Basilikum, Champignons).

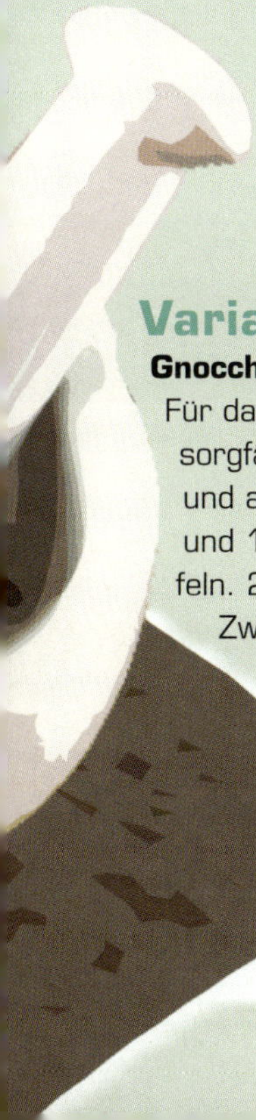

Noch ein Tipp:

Sie können die Gnocchi auch in der Pfanne mit etwas zerlassener Butter oder Olivenöl knusprig braten, dabei die Gnocchi ab und zu wenden.

Variante:

Gnocchi im Spinatbett (für 2 Personen). Für das Spinatbett 500 g frischen Spinat sorgfältig verlesen, gründlich waschen und abtropfen lassen. 1 kleine Zwiebel und 1 Knoblauchzehe abziehen, fein würfeln. 20 g Butter in einem Topf zerlassen. Zwiebel- und Knoblauchwürfel darin glasig dünsten. Spinat hinzugeben und 3–4 Minuten dünsten, bis er zusammenfällt. Spinat mit Salz, Pfeffer und Muskatnuss abschmecken. Spinat in einer Auflaufform (gefettet) verteilen. Den Backofen vorheizen (Ober-/Unterhitze: etwa 200 °C, Heißluft: etwa 180 °C). 2 Liter Wasser in einem Topf zum Kochen bringen. 1 gestrichenen Teelöffel Salz und 500–600 g frische Gnocchi (aus dem Kühlregal) hinzufügen. Gnocchi nach Packungsanleitung zubereiten. Anschließend Gnocchi in einem Sieb abtropfen lassen. Gnocchi auf dem Spinat verteilen. Für den Guss 100 g Doppelrahm-Frischkäse mit Kräutern mit 60–70 g Schlagsahne verrühren. Guss über den Gnocchi verteilen. Die Form auf dem Rost in den vorgeheizten Backofen schieben. Gnocchi etwa 15 Minuten garen.

Zubereitung:

1. Wasser mit Reis und Salz in einen Topf geben, zum Kochen bringen und den Reis bei schwacher Hitze 15–20 Minuten mit geschlossenem Deckel quellen lassen, ab und zu umrühren.

2. Zwischenzeitlich von den Zuckerschoten die Enden abschneiden, die Schoten eventuell abfädeln, abspülen und abtropfen lassen. Zuckerschoten 1–2-mal schräg durchschneiden. Möhren putzen, schälen, abspülen und abtropfen lassen. Möhren in Scheiben schneiden. Von dem Staudensellerie die harten Außenfäden abziehen. Sellerie abspülen, abtropfen lassen und in Scheiben schneiden. Zucchini abspülen, abtrocknen, die Enden abschneiden. Zucchini längs halbieren und in dünne Scheiben schneiden.

3. Paprikaschote halbieren, entstielen, entkernen, die weißen Scheidewände entfernen. Schote abspülen und würfeln. Cocktailtomaten abspülen, trocken tupfen und halbieren. Champignons putzen, mit Küchenpapier abreiben, eventuell kurz abspülen und gut abtropfen lassen. Champignons in Scheiben schneiden.

4. Öl in einer beschichteten Pfanne oder in einem Wok erhitzen. Champignons darin etwa 2 Minuten unter Rühren braten, dann herausnehmen und beiseitestellen. Nach und nach Möhren, Staudensellerie, Zuckerschoten, Zucchini und Paprika unter Rühren kurz anbraten, herausnehmen und beiseitestellen. Das Gemüse (bis auf die Pilze) zurück in die Pfanne geben, Brühe, Sojasauce und Sherry zugießen. Zugedeckt etwa 5 Minuten bei schwacher Hitze bissfest garen.

5. In der Zwischenzeit Sojabohnenkeimlinge in einem Sieb abspülen und abtropfen lassen. Estragon abspülen, trocken tupfen. Einige Blätter zum Garnieren zurücklassen, den Rest hacken. Champignons zum Gemüse geben und alles noch etwa 2 Minuten garen, dabei ab und zu umrühren.

6. Speisestärke mit Wasser verrühren. Angerührte Stärke unter das kochende Gemüse rühren und aufkochen lassen. Sojabohnenkeimlinge und gehackten Estragon zufügen. Gebratenes Gemüse mit Salz, Pfeffer und Koriander abschmecken und noch 1 Minute unter Rühren garen. Gemüsepfanne mit Estragonblättern garnieren. Reis dazureichen.

Tipp:

Statt frischen Champignons und frischen Sojabohnenkeimlingen eignen sich auch Pilze und Sprossen aus dem Glas. Wer es scharf mag, kann 1 Chilischote (in Ringe geschnitten) kurz mit anbraten oder schmeckt die Gemüsepfanne mit einer Messerspitze Sambal Oelek ab. Wer die asiatische Note bevorzugt, würzt das Gemüse statt mit Koriander mit etwas Zimt, Fenchel, Sternanis und Nelken.

Noch ein Tipp: Ganz Eilige nehmen statt des frischen Gemüses TK-Pfannengemüse; gibt es in verschiedenen Geschmacksrichtungen (italienisch, asiatisch, mexikanisch, neutral).

Zutaten:

Für den Reis:
200 ml Wasser
100 g Basmati- oder Duftreis
Salz

Für die Gemüsepfanne:
100 g Zuckerschoten
100 g Möhren
1 Stange Staudensellerie
1 Zucchini (200 g)
1 kleine rote Paprikaschote (150 g)
4 Cocktailtomaten
125 g Champignons
1–2 EL Speiseöl
100 ml Gemüsebrühe
1½ EL helle Sojasauce
1½ EL Sherry
50 g frische Sojabohnenkeimlinge
2–3 Stängel Estragon
1 knapp geh. TL Speisestärke
1–1½ EL Wasser
frisch gemahlener Pfeffer
gemahlener Koriander

E: 20 g, F: 15 g, Kh: 75 g,
kJ: 2253, kcal: 534, BE: 5,0

Gebratenes Gemüse mit Reis

Macht richtig satt

Zubereitungszeit: etwa 40 Minuten, für 2 Personen.

Meeresfrüchte mit Gemüse

Zubereitungszeit: etwa 30 Minuten (ohne Auftauzeit), für 2 Personen.

Zutaten:

1 Pck. TK- Meeresfrüchtemischung, gekocht (275 g)
1 Zwiebel
1 Knoblauchzehe
1 gelbe Zucchini (200 g)
3–4 Stangen Staudensellerie
3 Frühlingszwiebeln
4 Cocktailtomaten
50 g Glasnudeln
2 EL Speiseöl
Salz
frisch gemahlener Pfeffer
1 TL Zucker
3 EL Fischsauce (erhältlich im Asialaden)
2 EL helle Sojasauce

E: 36 g, F: 17 g, Kh: 58 g,
kJ: 2237, kcal: 532, BE: 3,5

Zubereitung:

1. Meeresfrüchte-Mischung nach Packungsanleitung auftauen.

2. In der Zwischenzeit Zwiebel und Knoblauch abziehen, beides in kleine Würfel schneiden. Zucchini abspülen, abtrocknen und die Enden abschneiden. Zucchini der Länge nach halbieren und in dünne Scheiben schneiden.

3. Staudensellerie putzen und die harten Außenfäden abziehen. Sellerie abspülen, abtropfen lassen und in dünne Scheiben schneiden. Frühlingzwiebeln putzen, waschen, abtropfen lassen und in feine Ringe schneiden. Cocktailtomaten abspülen, abtrocknen, halbieren und eventuell die Stängelansätze herausschneiden.

4. Glasnudeln nach Packungsanleitung einweichen.

5. Aufgetaute Meeresfrüchte in ein Sieb geben, unter fließendem kalten Wasser abspülen und abtropfen lassen.

6. Öl in einer großen beschichteten Pfanne oder in einem Wok erhitzen. Zwiebelwürfel, Zucchini- und Staudenselleriescheiben darin bei starker Hitze anbraten, ab und zu umrühren. Knoblauchwürfel, Frühlingszwiebelringe und halbierte Tomaten hinzufügen und kurz mit anbraten.

7. Meeresfrüchte zum angebratenen Gemüse geben, unterrühren und 3–5 Minuten mitdünsten lassen. Die Gemüsepfanne mit Salz, Pfeffer, Zucker, Fisch- und Sojasauce abschmecken.

8. Glasnudeln in einem Sieb abtropfen lassen, mit der Küchenschere 2–3-mal kleiner schneiden und unter die Meeresfrüchte-Gemüse-Pfanne heben. Alles einmal kurz erwärmen.

Tipp:

Das frische Gemüse kann durch eine TK-Gemüsemischung (aufgetaut), z. B. asiatisch, ersetzt werden. Und anstelle der Glasnudeln schmeckt auch Reis dazu. Dafür etwa 100 g Langkornreis nach Packungsanleitung garen und unter das fertige Gericht mischen, alles kurz erwärmen. Nach Belieben statt der Glasnudeln die chinesischen Reis- oder Eiernudeln verwenden. Beides nach Packungsanweisung garen und zum Schluss kurz mit erwärmen.

Zutaten:

20 g getrocknete, chinesische Pilze (z. B. Mu-err- oder Shiitake-Pilze)
etwa 300 g Putenbrustfilet
1 rote Paprikaschote
1 grüne Paprikaschote
1 kleine Stange Porree (Lauch, etwa 150 g)
1 Dose Bambusschösslinge (Abtropfgewicht 314 g)
1 Glas Sojabohnenkeimlinge (Abtropfgewicht 350 g)
2–3 EL Sojaöl (ersatzweise Speiseöl)
1–2 EL Sojasauce
etwa ½ TL China-Gewürz

E: 70 g, F: 23 g, Kh: 30 g,
kJ: 2522, kcal: 603, BE: 0,5

Zubereitung:

1. Die Pilze nach Packungsanleitung einweichen. Putenbrustfilet unter fließendem kalten Wasser abspülen, trocken tupfen und in feine Scheiben schneiden.

2. Paprika halbieren, entstielen, entkernen und die weißen Scheidewände entfernen. Die Schoten abspülen, abtropfen lassen und in Streifen schneiden. Porree putzen, Stange längs halbieren, gründlich waschen, abtropfen lassen und in Ringe schneiden.

3. Bambusschösslinge, Sojabohnenkeimlinge und eingeweichte Pilze in einem Sieb abtropfen lassen. Die Bambusschösslinge in Scheiben, die Pilze in Stücke schneiden.

4. Sojaöl in einer beschichteten Pfanne oder einem Wok erhitzen und das Fleisch darin rundherum anbraten. Das vorbereitete Gemüse zugeben und etwa 3 Minuten mit andünsten. Vor dem Servieren den Chinatopf mit Sojasauce und China-Gewürz abschmecken.

Dazu passt:

Basmati-Reis.

Tipp:

Anstelle von Putenbrustfilet kann auch anderes Fleisch verwendet werden, wie z. B. Hähnchenbrustfilet oder Schweineschnitzel. Als Fleischmenge nimmt man pro Person 150–200 g. Statt getrockneter Pilze 100 g frische Champignons verwenden. Pilze putzen, mit Küchenpapier abreiben, eventuell abspülen, gut abtropfen lassen und in Scheiben schneiden. Schneller geht es mit 1 Päckchen (200–250 g) TK-Asiagemüse für die Pfanne. Unaufgetautes Asiagemüse mit etwa 1 Esslöffel Wasser in die Pfanne zum Fleisch geben. Unter gelegentlichem Rühren alles etwa 7 Minuten garen. Chinatopf mit den Gewürzen abschmecken. Wer mag, würzt den Chinatopf zusätzlich mit etwas Ingwer (frisch oder gemahlen). Sojasauce ist meist salzig, deshalb vorsichtig damit würzen.

Variante:

Einfach zusätzlich ¼ eines kleinen Spitzkohls und 100 g Zuckerschoten dazugeben. Dafür vom Kohl den Strunk herausschneiden, den Kohl in Streifen schneiden. Kohl kurz abspülen und abtropfen lassen. Die Zuckerschoten abspülen, abtropfen lassen und halbieren. Zusammen mit dem Gemüse garen.

Schnell

Bunter Chinatopf

Zubereitungszeit: etwa 30 Minuten (ohne Einweichzeit),
für 2 Personen.

Vegetarisch
Gebratene Nudeln

Zubereitungszeit: etwa 25 Minuten,
für 2 Personen.

Zutaten:

Zum Vorbereiten:
200 g chinesische Eiernudeln (ohne Kochen)

Für die Würzsauce:
2 EL helle Sojasauce
Saft von 1 Limette
2 EL ungesüßte Kokosmilch
1 TL Currypulver

Für das Gemüse:
2 Möhren
1 Zucchini (etwa 200 g)
2 gelbe Paprikaschoten (je 150 g)
2 rote Chilischoten
1 Knoblauchzehe
1 haselnussgroßes Stück Ingwer
1–2 Stängel Basilikum
4 EL Speiseöl
Salz
Zucker

E: 25 g, F: 34 g, Kh: 117 g,
kJ: 3717, kcal: 882, BE: 8,0

Zubereitung:

1. Die Eiernudeln nach Packungsanleitung zubereiten. Dann die Nudeln in einem Sieb abgießen, abtropfen lassen und mit einer Gabel lockern.

2. In der Zwischenzeit Sojasauce, Limettensaft, Kokosmilch und Currypulver kräftig in einer Schüssel verrühren.

3. Möhren putzen, schälen, abspülen und abtropfen lassen. Möhren längs halbieren und schräg in Scheiben schneiden. Zucchini abspülen, abtrocknen, die Enden abschneiden. Zucchini längs halbieren – evtl. die Kerne mit einem Teelöffel herausschaben, wenn man sie nicht mag – und in nicht zu dünne Scheiben schneiden. Die Paprikaschoten halbieren, entstielen, entkernen, die weißen Scheidewände entfernen. Paprikaschoten abspülen, abtropfen lassen und in dünne Streifen schneiden.

4. Chilischoten halbieren, entstielen, entkernen. Schoten abspülen, abtropfen lassen und in feine Streifen schneiden. Knoblauch abziehen und Ingwer schälen, beides fein hacken. Basilikum abspülen, trocken tupfen, die Blättchen von den Stängeln zupfen und grob in Streifen schneiden.

5. Das Öl in einer großen Pfanne oder im Wok erhitzen, Knoblauch und Ingwer darin in etwa 2 Minuten unter gelegentlichem Rühren andünsten. Möhren- und Zucchinischeiben mit Paprikastreifen dazugeben und unter ständigem Rühren etwa 3 Minuten weiterbraten. Chilistreifen zufügen und alles weitere 2 Minuten unter Rühren anbraten.

6. Die Kokosmilch-Sojasauce hinzugießen und alles zum Kochen bringen. Das Gemüse darin in etwa 3 Minuten bei mittlerer Hitze bissfest garen und zwischendurch umrühren. Eiernudeln untermischen und unter Wenden 2–3 Minuten erhitzen, bis sie sehr heiß sind. Die Gemüsenudeln mit Salz und 1 Prise Zucker abschmecken, geschnittene Basilikumblättchen am Schluss unterrühren. Die Gemüsenudeln in Schälchen oder auf einer großen Platte servieren.

Tipp:

Zusätzlich zu den Chilischoten kann man auch 3–4 Chinakohlblätter verwenden. Die gewaschenen und abgetropften Kohlblätter dafür in Streifen schneiden und mit anbraten. Dazu schmecken auch Sojabohnen-, Mungo- oder Bambussprossen. Dafür die Sprossen zunächst in ein Sieb geben, unter fließendem kalten Wasser abspülen und gut abtropfen lassen, eventuell auf ein Küchentuch geben. Ganz zum Schluss die Sprossen mit in den Wok geben und kurz (etwa 5 Minuten) durchziehen lassen.

Noch ein Tipp:

Nach dem Zubereiten von Chili oder Peperoni immer gründlich die Hände mit Wasser und Seife waschen. Chili- oder Peperonireste können in den Augen und Schleimhäuten brennen.

Zubereitung:

1. Zwiebel abziehen und fein würfeln. Öl in einer Pfanne erhitzen, Zwiebelwürfel und Gehacktes darin anbraten, dabei die Fleischklümpchen mit einer Gabel grob zerkleinern.

2. Knoblauchzehen abziehen, durch die Knoblauchpresse drücken und unterrühren.

3. Mit Gewürzmischung, Salz, Pfeffer und Paprikapulver abschmecken. Brühe hinzugießen, umrühren und etwa 15 Minuten zugedeckt bei mittlerer Hitze garen, dabei ab und zu umrühren. Hackfleisch abschmecken.

4. Inzwischen den Backofen vorheizen. Avocado halbieren, den Stein entfernen. Avocado schälen, das Fruchtfleisch in Würfel schneiden und mit Zitronensaft beträufeln. Mais in ein Sieb geben und abtropfen lassen. Für einen Kräuter-Dip saure Sahne und gehackte Kräuter verrühren, nach Belieben mit Salz und Pfeffer würzen.

5. Vom Eisbergsalat die äußeren, welken Blätter entfernen, den Salat vierteln, in feine Streifen schneiden, waschen und trocken tupfen oder schleudern. Frühlingszwiebeln putzen, waschen, abtropfen lassen und in feine Scheiben schneiden.

6. Taco-Schalen mit der offenen Seite nach unten nebeneinander auf ein Backblech setzen, im vorgeheizten Backofen erwärmen.

Ober-/Unterhitze: etwa 180 °C
Heißluft: etwa 160 °C
Backzeit: 3–4 Minuten.

7. Alle Zutaten zum Garnieren der Tacos in Schüsseln anrichten, das Hackfleisch in einer Schale auf einem Rechaud (oder einem Stövchen) warm stellen. Jeweils einen Taco mit Hackfleisch, Eisbergsalat, Frühlingszwiebeln, Mais, Avocado- und Zwiebelwürfeln füllen, mit Kräuter-Dip und/oder Tacodip beträufeln und mit Gouda bestreuen.

Zutaten:

1 Zwiebel
4 EL Speiseöl, z.B. Sonnenblumenöl
750 g Rindergehacktes
2 Knoblauchzehen
1 Beutel (etwa 35 g) mexikanische Gewürzmischung
Salz
frisch gemahlener Pfeffer
Paprikapulver edelsüß
125 ml (⅛ l) Fleischbrühe
1 Avocado
1–2 TL frisch gepresster Zitronensaft
1 Dose Gemüsemais (Abtropfgewicht 285 g)
1 Becher (150 g) saure Sahne
1 EL gehackte Kräuter, z.B. Petersilie, Basilikum
1 kleiner Eisbergsalat
1 Bund Frühlingszwiebeln
1 Pck. große Taco-Schalen (12 Stück)
1 Dose (200 ml) Tacodip
125 g geriebener, mittelalter Gouda-Käse

E: 23 g, F: 33 g, Kh: 20 g, kJ: 1972, kcal: 471, BE: 1,5

Dazu passt:

Caesar's Salat (8–10 Personen).
8 Scheiben Toastbrot in kleine Würfel schneiden. 60 g Butter in einer Pfanne zerlassen und die Toastbrotwürfel darin bei mittlerer Hitze hellbraun braten. Auf einen Teller geben und abkühlen lassen. 400 g Salatmayonnaise, 100 g Schlagsahne, 3 Esslöffel frisch geriebener Parmesan-Käse, 2 Esslöffel Weißweinessig, Salz und Pfeffer in einen hohen Rührbecher geben und pürieren. 2 Knoblauchzehen abziehen und durch die Knoblauchpresse dazudrücken. Dressing verrühren, mit Salz und Pfeffer abschmecken. 2 Köpfe Römersalat putzen, waschen, trocken tupfen oder schleudern. Salat in mundgerechte Stücke zupfen. Salat mit Dressing beträufeln, mit 100 g frisch gehobeltem Parmesan-Käse und den Croûtons bestreut servieren. Dazu frisches Baguette reichen.

Tipp:

Ganz Eilige nehmen fertig gekaufte Croûtons.

Tacos mit Hackfleischfüllung

Zubereitungszeit 55 Minuten,
Backzeit: 3–4 Minuten
für 8–10 Personen (ergibt 12 gefüllte Tacos).

Für Freunde

Für Freunde

Überbackene

Zubereitungszeit: 40 Minuten,
ohne Aufwärmzeit
Backzeit: etwa 20 Minuten, für 8 Personen.

Zutaten:

2 Bund Frühlingszwiebeln
2 Dosen Gemüsemais
(Abtropfgewicht je 285 g)
500 g Tomaten
400 g Doppelrahm-Frischkäse
450 g Joghurt (3,5 % Fett)
2 Bund glatte Petersilie
Salz
frisch gemahlener Pfeffer
Chilipulver
2 Pck. Weizentortillas
(je 8 Fladenbrote aus Weizenmehl)
250 g geraspelter Emmentaler-Käse

E: 26 g, F: 33 g, Kh: 56 g,
kJ: 2665, kcal: 635, BE: 4,0

Enchiladas mit Gemüse

Zubereitung:

1. Backofen vorheizen, um die Tortillas darin aufzuwärmen. Frühlingszwiebeln putzen, waschen, abtropfen lassen und in feine Scheiben schneiden. Mais in einem Sieb abtropfen lassen. Tomaten waschen, abtrocknen, halbieren und die Stängelansätze herausschneiden. Tomatenhälften in kleine Würfel schneiden.

2. Frischkäse mit Joghurt glatt rühren. Petersilie abspülen, trocken tupfen, die Blättchen von den Stängeln zupfen. Blättchen fein hacken und unter die Käse-Joghurt-Masse heben. Frühlingszwiebelscheiben, Mais und Tomatenwürfel hinzufügen und unterrühren. Die Füllung mit Salz, Pfeffer und Chilipulver würzen.

3. Tortillas auf einen Rost legen und im vorgeheizten Backofen erwärmen.

Ober-/Unterhitze: etwa 200 °C
Heißluft: etwa 180 °C
Aufwärmzeit: etwa 2 Minuten.

4. Backofen weiter vorheizen. Aufgewärmte Tortillas einzeln hinlegen, je 1 Esslöffel von der Füllung in die Mitte geben, etwas glatt streichen und aufrollen. Aufgerollte Tortillas in eine gefettete, große, flache Auflaufform geben.

5. Die restliche Füllung auf den Tortillas verteilen, mit Emmentaler bestreuen und die Form auf dem Rost **bei gleicher Backofeneinstellung in den vorgeheizten Backofen schieben.** Backzeit etwa 20 Minuten.

6. Überbackene Enchiladas aus dem Ofen nehmen und sofort servieren.

Variante I:

Für **Fajita mit Gehacktem** (ergibt 8 Stück) Backofen zum Aufwärmen der 8 Tortillas vorheizen (siehe Rezeptpunkt 1 und 3). Je 1 Zwiebel und 1 Knoblauchzehe abziehen und fein hacken. 1½ Esslöffel Speiseöl in einer Pfanne erhitzen, 500 g Gehacktes (halb Rind-, halb Schweinefleisch) hinzufügen und unter Rühren anbraten, dabei die Klümpchen mit einer Gabel grob zerteilen. Zwiebel- und Knoblauchwürfel hinzugeben und ebenfalls andünsten. 1 Dose Gemüsemais (Abtropfgewicht 285 g) in einem Sieb abtropfen lassen. Mais mit 2 geschälten, fein gewürfelten Möhren und ½ Dose gewürfelter Tomaten (etwa 200 g) hinzufügen. Zutaten zugedeckt etwa 4 Minuten bei mittlerer Hitze erwärmen und garen. 2 Esslöffel Crème fraîche unterrühren, kurz miterwärmen. Gehacktes mit Salz, frisch gemahlenem Pfeffer und etwas Cayennepfeffer abschmecken. Aufgewärmte Tortillas einzeln hinlegen, je 1 Esslöffel der Füllung in die Mitte geben und zusammenklappen.

Variante II:

Für **Fajita mit Hähnchen** (ergibt 8 Stück) Backofen zum Aufwärmen der 8 Tortillas vorheizen (siehe Rezeptpunkt 1 und 3). Von ½ kleinen Eisbergsalat die äußeren, welken Blätter entfernen, den Salat halbieren und in schmale Streifen schneiden. Salat waschen und trocken schleudern. 1 Dose Mandarinen (Abtropfgewicht 175 g) in einem Sieb abtropfen lassen, dabei 2 Esslöffel Mandarinensaft auffangen und die Mandarinen quer halbieren. 6 Esslöffel (etwa 200 g) Joghurt-Salatcreme (aus dem Glas) mit den 2 Esslöffeln Mandarinensaft glatt rühren, mit Salz, Pfeffer und ¼–½ Teelöffel Currypulver würzen. Salatstreifen, Mandarinenhälften und 1 Packung (150 g) gebackene Hähnchenstreifen (aus dem Kühlregal) unterheben. Aufgewärmte Tortillas einzeln hinlegen, je 1 Esslöffel der Füllung in die Mitte geben und zusammenklappen.

Wraps
(mit Lachs, Balkansalat, Geflügelsalat)
Für Lernabende oder die Party

Zubereitungszeit: etwa 50 Minuten, ohne Aufwärmzeit, für 8–10 Personen (für 24 Wraps).

Zutaten:

Für die Füllung mit Lachs:
je 1 rote und gelbe Paprikaschote
125 g Rucola (Rauke)
1 Kästchen Kresse
2 Becher (je 150 g) Crème fraîche
2–3 EL Sahne-Meerrettich (je nach Geschmack: scharf oder mild)
Salz
frisch gemahlener Pfeffer
1 Prise Zucker
1 Pck. (200 g) Räucherlachs in Scheiben

Für die Füllung mit Balkansalat:
½ Eisbergsalat
1 Dose Gemüsemais (Abtropfgewicht 285 g)
2 Zwiebeln
1 rote Paprikaschote
3 Schalen Balkansalat (je 200 g)
Salz
frisch gemahlener Pfeffer

Für die Füllung mit Geflügelsalat:
½ Eisbergsalat
2 Birnen
3 Schalen Geflügelsalat (je 200 g)
Currypulver

Außerdem:
3 Pck. Wraps (je 8 Fladen aus Weizenmehl)

Pro Stück (Lachs-Variante):
E: 10 g, F: 16 g, Kh: 26 g, kJ: 1225, kcal: 294, BE: 2,0

Zubereitung:

1. Zuerst die Füllungen zubereiten. Für die Füllung mit Lachs Paprikaschoten halbieren, entstielen, entkernen und die weißen Scheidewände entfernen. Schoten waschen, trocken tupfen und in dünne Streifen schneiden.
Rucola verlesen und die dickeren Stiele entfernen. Rucola und Kresse abspülen und trocken tupfen. Kresse abschneiden. Crème fraîche mit Sahne-Meerrettich verrühren, mit Salz, Pfeffer und Zucker würzen.

2. Für die Füllung mit Balkansalat von dem Eisbergsalat die äußeren, welken Blätter entfernen. Salat in schmale Streifen schneiden, waschen und trocken tupfen oder schleudern. Mais in einem Sieb abtropfen lassen. Zwiebeln abziehen und fein würfeln. Paprikaschote halbieren, entstielen, entkernen und die weißen Scheidewände entfernen. Schote waschen, abtrocknen und in dünne Streifen schneiden. Balkansalat mit Mais und Zwiebelwürfeln mischen, evtl. mit Salz und Pfeffer abschmecken.

3. Für die Füllung mit Geflügelsalat von dem Eisbergsalat die äußeren, welken Blätter entfernen. Salat in schmale Streifen schneiden, waschen und trocken tupfen oder schleudern. Birnen schälen, vierteln, entkernen und in dünne Spalten schneiden.

4. Wraps nacheinander in einer großen, beschichteten Pfanne ohne Fett beidseitig kurz erwärmen.

5. Für die Lachswraps 8 Wraps mit der Hälfte der Sauce bestreichen. Rucola und Kresse darauf verteilen. Je Wrap 1–2 Lachsscheiben darauflegen. Paprikastreifen darüberstreuen und die restliche Sauce darauf verteilen. Wraps fest aufrollen, schräg halbieren und sofort servieren oder kalt gestellt kurz aufbewahren.

6. Für die Balkanwraps 8 Wraps mit etwas Eisbergsalat belegen, Balkan-Mais-Salat und Paprikastreifen darauf verteilen und fest aufrollen. Die Rollen schräg halbieren.

7. Für die Geflügelwraps die restlichen 8 Wraps mit etwas Eisbergsalat, Geflügelsalat und Birnenstreifen belegen. Mit Currypulver bestreuen und fest aufrollen. Die Rollen schräg halbieren.

Lecker
Pancakes

Zubereitungszeit: etwa 20 Minuten,
für 2 Personen (ergibt 8 Stück).

Zutaten:

Für den Teig:
100 g Weizenmehl
1 gestr. TL Dr. Oetker Backin
1 EL Zucker
1 Prise Salz
1 Ei (Größe M)
75 g Joghurt (3,5 % Fett)

Außerdem:
2 EL Speiseöl, z. B. Sonnenblumenöl
1–2 EL Ahornsirup

E: 10 g, F: 15 g, Kh: 53 g,
kJ: 1636, kcal: 390, BE: 4,5

Zubereitung:

1. Für den Teig Mehl und Backpulver mischen und in eine Rührschüssel geben. Restliche Teigzutaten hinzufügen und mit Handrührgerät mit Rührbesen auf höchster Stufe in etwa 2 Minuten zu einem glatten Teig verarbeiten.

2. Aus dem Teig nacheinander 8 Pancakes backen. Dafür die Hälfte des Öls in einer beschichteten Pfanne erhitzen. Zunächst 4 Pancakes backen, dafür pro Pancake 1 Esslöffel Teig hineingeben und etwas verstreichen. Pancakes bei mittlerer Hitze von beiden Seiten etwa 3 Minuten goldbraun backen. Pancakes herausnehmen, wieder Öl in die Pfanne geben und die restlichen Pancakes ebenso backen.

3. Ahornsirup auf einem Teller verteilen. Die Pancakes darauf anrichten.

Variante:

Für den Pancake-Teig kann man statt 75 g Joghurt auch 150 g Buttermilch oder 100 ml ungesüßte Kokosmilch verwenden. Bei Butter- und Kokosmilch jeweils zusätzlich ½ Esslöffel Zucker in den Teig rühren. Eine andere Variante ist es, statt des Joghurts 75 g Erdnussbutter (Fertigprodukt) und 75 ml Milch zugeben und alles zu einem glatten Teig zu verarbeiten.

Tipp:

Statt Ahornsirup nehmen Sie Zuckerrübensirup (Rübenkraut), diverse Konfitüren und Marmeladen, Erdnussbutter, Blaubeeren oder Cranberries und streichen bzw. verteilen diese über die gebackenen Pancakes.

Noch ein Tipp:

Pancakes schmecken warm oder lauwarm serviert am besten; evtl. die Pancakes im Backofen warm halten.

Kleine Warenkunde:

Ahornsirup wird vor allem im Frühjahr in Kanada gewonnen, wo man den Saft des Zuckerahorns eindickt. Er schmeckt sehr süß und hat einen leichten Karamellgeschmack. Ahornsirup ist nach dem Öffnen im Kühlschrank sehr lange haltbar. Sollte der Sirup kristallisieren (Zuckerbildung), stellen Sie die Flasche ins warme Wasserbad, bis sich der Sirup langsam wieder verflüssigt.

Vegetarisch

Holländische Pannekoeken

Zubereitungszeit: etwa 35 Minuten, ohne Ruhezeit, für 2 Personen (ergibt 4 große Pfannkuchen).

Zutaten:

Für den Teig:
125 g Weizenmehl
2 Eier (Größe M)
175 ml Milch
6–7 EL (etwa 75 ml) Mineralwasser
1 Prise Salz
etwa 40 g Butter, Speiseöl oder Butterschmalz

Für den Belag:
2 Möhren (etwa 200 g)
1 EL Butter
200 g TK-Erbsen
2 EL Gemüsebrühe
1 kleines Glas Spargelköpfe (Abtropfgewicht 115 g)
2 EL (etwa 60 g) Crème fraîche
Salz
frisch gemahlener Pfeffer
1 EL Dillspitzen

Pro Stück:
E: 13 g, F: 23 g, Kh: 34 g,
kJ: 1665, kcal: 398, BE: 2,5

Zubereitung:

1. Für den Teig Mehl in eine Rührschüssel geben, in die Mitte eine Vertiefung drücken. In einer anderen Schüssel Eier, Milch, Mineralwasser und Salz mit einem Schneebesen verschlagen. Die Eiermasse zum Mehl geben und mit dem Schneebesen von außen nach innen verrühren. Dabei darauf achten, dass keine Klümpchen entstehen. Den glatt gerührten Teig 20–30 Minuten ruhen lassen.

2. Möhren putzen, schälen, waschen, abtropfen lassen und in kleine Würfel schneiden. Butter in einem Topf zerlassen. Möhrenwürfel und Erbsen kurz darin andünsten. Gemüsebrühe hinzufügen und zugedeckt bei schwacher Hitze etwa 10 Minuten garen. Spargel in einem Sieb abtropfen lassen und zu dem Gemüse geben. Crème fraîche unter das Gemüse rühren, mit Salz und Pfeffer abschmecken. Das Gemüse warm halten.

3. Inzwischen etwas Fett in einer beschichteten Pfanne (Ø 24–28 cm) erhitzen und ein Viertel vom Teig mit einer Kelle in die Pfanne geben. Die Pfanne leicht schwenken, damit sich der Teig gleichmäßig auf dem Pfannenboden verteilen kann. Sobald die Ränder goldgelb sind und der gebackene Teig sich in der Pfanne leicht hin- und herschieben lässt, den Pfannkuchen vorsichtig mit einem Pfannenwender wenden und auf der anderen Seite goldgelb backen. Fertig gebackene Pfannkuchen im Backofen warm halten.

4. Die restlichen drei Pfannkuchen auf die gleiche Weise backen, dabei vor dem Backen den Teig umrühren und etwas Fett in die Pfanne geben. Dill unter das Gemüse rühren. Das Gemüse gleichmäßig auf die Pfannkuchen verteilen und zusammenklappen.

Tipp:

Statt Spargelköpfe aus dem Glas können auch frische grüne Spargelspitzen verwendet werden.

Variante:

Für **Crêpes mit Zwiebel-Mett-Füllung** (ergibt 4 Crêpe-Taschen) 150 g Weizenmehl in eine Schüssel geben. 2 Eier (Größe M) mit 200 ml Milch, 70 ml Mineralwasser und 1 Prise Salz verschlagen, nach und nach unter Rühren zum Mehl geben. Für die Füllung 1 Gemüsezwiebel abziehen, halbieren und in Scheiben schneiden. 1 Esslöffel Speiseöl in einer Pfanne erhitzen und die Zwiebel darin andünsten. 250 g Mett hinzugeben und unter Rühren darin braten, dabei die Fleischklümpchen mit einer Gabel zerdrücken. Mit Chilipulver würzen, evtl. mit Salz und Pfeffer abschmecken. ½ Bund Petersilie abspülen, trocken tupfen und die Blättchen von den Stängeln zupfen. Blättchen fein schneiden und unter die Zwiebel-Mett-Mischung rühren. Etwas Speiseöl in einer Pfanne (Ø 24–28 cm) erhitzen. Teig gut durchrühren und eine dünne Teiglage mit einer drehenden Bewegung gleichmäßig auf dem Pfannenboden verteilen. Den Crêpe von beiden Seiten goldgelb backen und warm stellen. Aus dem restlichen Teig 3 weitere Crêpes backen. Die Crêpes jeweils zur Hälfte gleichmäßig mit der Zwiebel-Mett-Mischung belegen. Die andere Hälfte darüberlegen und dann vorsichtig zu einem Dreieck zusammenklappen, so dass eine Tasche entsteht. Crêpe-Taschen auf ein Backblech (mit Backpapier belegt) legen und jeweils mit einer Scheibe Frühstücksspeck (quer halbiert) belegen. Das Backblech unter den vorgeheizten Grill (etwa 230 °C) in den Backofen schieben und Crêpes so lange backen, bis der Speck knusprig ist. Crêpe-Taschen sofort servieren.

Tipp:

Anstatt die Pfannkuchen zu füllen, können Sie die Pfannkuchen auch mit in Tomatenscheiben und Mozzarella-Käse belegen oder die Pfannkuchen statt mit der gebratenen Zwiebel-Mett-Füllung direkt vor dem Verzehr mit frischem Mett füllen.

Einfach

Blätterteigtaschen mit Spinat-Schafkäse-Füllung

Zubereitungszeit: etwa 25 Minuten, ohne Auftauzeit,
Backzeit: etwa 20 Minuten, für 2 Personen (ergibt 6 Stück).

Zutaten:

Für die Blätterteigtaschen:
6 quadratische Scheiben TK-Blätterteig (etwa 270 g)
1 kleine Zwiebel
½ EL Speiseöl, z. B. Sonnenblumenöl
150 g TK-Blattspinat
Salz
frisch gemahlener Pfeffer
frisch geriebene Muskatnuss
50 g Schafkäse
2 eingelegte, getrocknete Tomaten

Zum Bestreichen:
1 Ei (Größe S)
1 EL Milch

Außerdem zum Garnieren:
3 Kräuterstängel

E: 19 g, F: 43 g, Kh: 52 g,
kJ: 2802, kcal: 669, BE: 4,0

Zubereitung:

1. Für die Blätterteigtaschen Blätterteig nebeneinander nach Packungsanleitung auftauen lassen.

2. In der Zwischenzeit Zwiebel abziehen und in Würfel schneiden. Öl in einer Pfanne erhitzen und Zwiebelwürfel kurz darin andünsten. Spinat hinzufügen und nach Packungsanleitung mit etwas Wasser darin auftauen lassen. Spinatfüllung mit Salz, Pfeffer und Muskat würzen. Pfanne von der Kochstelle nehmen.

3. Schafkäse und getrocknete Tomaten in kleine Würfel schneiden. Den Backofen vorheizen.

4. Zum Bestreichen das Ei trennen. Eiweiß verquirlen und die Ränder der Blätterteigquadrate damit bestreichen. Jeweils etwas von der Spinatfüllung mit einigen Schafkäse- und Tomatenwürfeln in die Mitte geben. Die Teigscheiben zu Dreiecken zusammenfalten und die Teigränder gut zusammendrücken, am besten mithilfe einer Gabel. Die Teigdreiecke auf ein mit Backpapier ausgelegtes Backblech legen.

5. Eigelb mit Milch verquirlen und die Teigoberflächen damit bestreichen. Das Backblech in den vorgeheizten Backofen schieben.

Ober-/Unterhitze: etwa 200 °C
Heißluft: etwa 180 °C
Backzeit: etwa 20 Minuten.

6. Nach Belieben die Blätterteigtaschen in kleinen Porzellangefäßen mit Kräuterstängeln garniert servieren.

Tipp:

Über die mit Eiermilch bestrichenen Teigdreiecke je 1 Esslöffel Pinienkerne oder 20 g Schafkäsewürfel streuen. Dann wie im Rezept beschrieben fertig backen.

Noch ein Tipp:

Für dieses Rezept am besten die quadratischen TK-Blätterteigscheiben nehmen. Wenn Sie nur die rechteckigen TK-Blätterteigscheiben bekommen können, diese erst einmal quer halbieren. Reduzieren Sie zusätzlich die Spinatmenge auf 125 g, da die Quadrate etwas kleiner ausfallen.

Variante:

Blätterteigschnecken mit getrockneten Tomaten (für 2 Personen). Hierfür 3 rechteckige Scheiben TK-Blätterteig nebeneinander nach Packungsanleitung auftauen lassen. Den Backofen vorheizen (Ober-/Unterhitze: etwa 200 °C, Heißluft: etwa 180 °C). Für die Füllung 2 Teelöffel Pesto (aus dem Glas) mit 50 g Mascarpone (italienischer Frischkäse) gut verrühren. 2–3 eingelegte, getrocknete Tomaten klein würfeln und unterheben. Mascarpone-Masse auf den aufgetauten Blätterteigplatten verstreichen. Dabei an den Seiten rundherum einen kleinen Rand frei lassen. 25 g fein geriebenen Parmesan-Käse darüberstreuen. Die Teigplatten von den langen Seiten her aufrollen und mit einem scharfen Messer in gut 1 cm dicke Scheiben schneiden. Die Scheiben auf ein mit Backpapier ausgelegtes Backblech legen und in den vorgeheizten Backofen schieben. Blätterteigschnecken 10–15 Minuten backen.

Noch ein Tipp:

Schneller geht es, wenn Sie fertige Zartbitter-Kaffeebohnen (im Backwarenregal) oder mit Schokolade überzogene Rosinen (im Süßwarenregal) verwenden.

Zutaten:

10 g Zartbitter-Schokolade
1 gestr. TL Butter
10–12 geröstete Kaffeebohnen
100 g Schlagsahne
450–500 g Joghurt
30 g Puderzucker
1 Beutel (15 g) Instant-Cappuccino-Pulver (ersatzweise 1 EL loses Cappuccino-Pulver)
2–3 TL Kaffee- oder Amarettolikör
Puderzucker zum Bestäuben

E: 10 g, F: 28 g, Kh: 39 g, kJ: 2062, kcal: 493, BE: 3,5

Cappuccino-Schichtcreme

Mit Alkohol

Zubereitungszeit: etwa 20 Minuten, ohne Abkühlzeit, für 2 Personen.

Zubereitung:

1. Schokolade mit Butter in einem kleinen Topf im heißen Wasserbad bei schwacher Hitze schmelzen. Kaffeebohnen mit der Masse vermengen, herausnehmen und auf ein Stück Backpapier legen. Schokolade fest werden lassen (bei Zimmertemperatur oder im Kühlschrank).

2. In der Zwischenzeit Sahne steif schlagen. Joghurt mit Puderzucker in einer Schüssel gut verrühren und die Sahne mit einem Schneebesen darunterziehen. Die Hälfte der Joghurtcreme mit dem Cappuccino-Pulver verrühren.

3. Abwechselnd Joghurt- und Cappuccino-Creme in hohe Dessertgläser schichten.Schichtcreme im Kühlschrank mit Frischhaltefolie zugedeckt etwa 1 Stunde kalt stellen.

4. Auf die oberste Cremeschicht den Likör träufeln. Schichtcreme mit Schokobohnen und Puderzucker garniert anrichten.

Tipp:

Statt gerösteter Kaffeebohnen können Sie auch Rosinen, Cranberries oder Mandeln verwenden.

Variante:

Himbeer-Schichtspeise (für 2 Personen). Hierfür 500 g Himbeeren verlesen, evtl. kurz abspülen und abtropfen lassen. Die Himbeeren mit 5 Esslöffeln Himbeergeist beträufeln und etwa 20 Minuten durchziehen lassen. 120 g Baiser (etwa 3 Stücke) mit den Händen grob zerkleinern. 400 g Schlagsahne mit 1 Päckchen Dr. Oetker Vanillin-Zucker steif schlagen. Himbeeren mit Baiserstücken und steif geschlagener Sahne abwechselnd in eine Glasschüssel schichten, die erste und letzte Schicht sollte aus Himbeeren bestehen. Schichtspeise sofort servieren.

Ganz einfach

Österreichische Topfencreme mit Beeren

Zubereitungszeit: etwa 10 Minuten, ohne Auftauzeit, für 2 Personen (ergibt 2 Gläser)

Zubereitung:

1. Die Beeren nach Packungsanleitung nebeneinander auf einen Teller legen und auftauen lassen.

2. In einer Schüssel Sahne-Pudding mit Quark und Puderzucker glatt rühren.

3. Die Topfencreme abwechselnd mit den aufgetauten Beeren (bis auf 1 Esslöffel Beeren zum Garnieren) in 2 hohe Portionsgläser (Longdrinkgläser) schichten. Die oberste Quarkschicht mit den beiseite gelegten Beeren und nach Belieben mit Melisseblättchen garnieren.

Zutaten:

300 g TK-Gemischte Beeren, z.B. Brombeeren, Himbeeren, Johannisbeeren
1 Becher (200 g) Sahne-Pudding Vanille-Geschmack (aus dem Kühlregal)
250 g Speisequark (Topfen, 20 % Fett)
1 EL Puderzucker

Nach Belieben
2–4 Melisseblättchen

E: 25 g, F: 23 g, Kh: 61 g, kJ: 2460, kcal: 587, BE: 5,0

Tipp:

Je nach Zimmertemperatur kann das Auftauen der Beeren bis zu 3 Stunden dauern! Beeren deshalb frühzeitig aus dem Tiefkühler nehmen. Statt TK-Beeren im Frühjahr/Sommer die gleiche Menge frische Erdbeeren verwenden. Im Sommer und Spätsommer möglichst frische Beeren wie Brombeeren, Himbeeren und Johannisbeeren für das Rezept verwenden.

Variante:

Für **Schokoladentopfencreme mit Birnen** (2 Personen) in einer Schüssel 200 g Sahne-Pudding Vanille-Geschmack (1 Becher aus dem Kühlregal) mit 250 g Speisequark (20 % Fett), 1 Esslöffel Puderzucker und 1½ Esslöffeln löslichem Kakaopulver glatt rühren. 2–4 Birnenhälften (je nach Größe, aus der Dose) in 2 Schälchen geben. Schokoladentopfencreme darauf verteilen und einige Zeit kalt stellen. Nach Belieben mit geraspelter Schokolade, je 1 Kugel Vanilleeis oder etwas geschlagener Sahne servieren.

Tipp:

Löslichen Kakao (für Trinkschokolade, heiß oder kalt) nicht mit Kakaopulver verwechseln. Löslicher Kakao löst sich ganz leicht im Quark auf.

Beide Desserts kann man problemlos für mehrere Personen zubereiten. Dafür die Zutatenmengen anpassen. Statt vieler Gläser oder Dessertschalen den Nachtisch in eine große Glasschüssel einfüllen.

Obstsalat

Super zum Brunch

Zubereitungszeit: etwa 30 Minuten, für 5–6 Personen.

Zutaten:

1 Apfel
1 kleine Mango
1 Nektarine
1 Pfirsich
1 Orange
1 Kiwi
1 Banane
100 g Erdbeeren
3 EL Zitronensaft
evtl. 1 EL Zucker oder Honig
30 g gehackte Walnusskerne, Haselnusskerne oder Mandeln

E: 2 g, F: 3 g, Kh: 20 g,
kJ: 526, kcal: 126, BE: 1,5

Zubereitung:

1. Apfel waschen, schälen, vierteln und entkernen. Mango halbieren, das Fruchtfleisch vom Stein lösen und die Frucht schälen. Nektarine und Pfirsich waschen, abtrocknen, halbieren und entsteinen. Die 4 Zutaten in Stücke schneiden. Orange so schälen, dass die weiße Haut mit entfernt wird. Aus der Orange mit einem scharfen Messer die Filets herausschneiden.

2. Kiwi und Banane schälen und in Scheiben schneiden. Erdbeeren waschen, abtropfen lassen, entstielen und in Stücke schneiden.

3. Das Obst mit Zitronensaft und eventuell Zucker oder Honig vermengen. Den Obstsalat in eine Glasschale füllen und mit Walnuss-, Haselnusskernen oder Mandeln bestreuen.

Tipp:

Den Obstsalat mit Sahne, Vanillesauce (aus dem Kühlregal) oder Eis oder als süße Mahlzeit zu heißem Grießpudding oder Milchreis servieren.

Der Obstsalat kann gut gekühlt 2–3 Tage aufbewahrt werden.

Noch ein Tipp:

Der Obstsalat lässt sich beliebig abwandeln, je nach Saison und Geschmack. Im Winter kann ein Teil der Früchte z. B. durch Grapefruits (wie Orangen zubereiten), Sharonfrüchte (waschen und ungeschält in Stücke schneiden), Passionsfrüchte (Kerne aus der Frucht lösen und mit 2 Esslöffeln Orangensaft mit Handrührgerät mit Rührbesen kurz aufschlagen) oder Granatapfel (Schale einschneiden, Apfel aufbrechen, Kerne herauslösen) ersetzt werden. Man benötigt insgesamt etwa 1 kg Obst.

Milchreis

Wie bei Muttern

Zubereitungszeit: etwa 40 Minuten, für 2 Personen.

Zutaten:

500 ml (½ l) Milch
1 Prise Salz
10 g Zucker
etwas dünn abgeschälte Schale von
1 Bio-Zitrone (unbehandelt, ungewachst)
85 g Milchreis (Rundkornreis)

E: 10 g, F: 8 g, Kh: 49 g,
kJ: 1400, kcal: 335, BE: 4,0

Zubereitung:

1. Milch mit Salz, Zucker und Zitronenschale in einem Topf zum Kochen bringen. Milchreis hineingeben, umrühren, zum Kochen bringen und bei schwacher Hitze etwa 35 Minuten mit halb aufgelegtem Deckel quellen lassen, dabei gelegentlich umrühren.

2. Die Zitronenschale entfernen. Den Milchreis heiß oder kalt servieren.

Tipp:

Den Milchreis als süßes Hauptgericht mit gebräunter Butter und Zimt-Zucker, Rhabarber-Erdbeer-Kompott oder Obst servieren.

Variante:

Für **Milchreis mit Haselnusskernen oder Mandeln**
20 g gehobelte Haselnusskerne oder Mandeln in einer Pfanne ohne Fett rösten, über den Reis streuen und mit Ahornsirup oder Honig beträufeln.

Zutaten:

500 g frische Erdbeeren
4 EL Zucker
Saft von 1 Zitrone
½ Pck. Butterkekse oder Spritzgebäck
2 Pck. Dr. Oetker Pudding-Pulver Vanille-Geschmack
100 g Zucker
500 ml (½ l) Milch
500 g Schlagsahne

E: 4 g, F: 19 g, Kh: 25 g,
kJ: 1265, kcal: 301, BE: 2,0

Zubereitung:

1. Erdbeeren waschen, trocken tupfen und 6 schöne Exemplare zum Garnieren beiseitelegen. Von den anderen Erdbeeren das Grün entfernen, Erdbeeren vierteln, zuckern und 10–15 Minuten in dem Zitronensaft ziehen lassen.

2. Inzwischen eine große Glasschüssel mit den Keksen auslegen. Vanille-Pudding nach Packungsanleitung mit Zucker und der hier angegebenen Menge Milch und Sahne zubereiten.

3. Die marinierten Erdbeeren und den noch warmen Pudding auf den Keksen verteilen. Mit den zurückbehaltenen Erdbeeren garnieren und im Kühlschrank kalt stellen.

Tipp:

Wenn es schnell gehen soll, einfach zwei Becher (je 500 g) Vanillepudding aus dem Kühlregal verwenden. Der Vanilleberg schmeckt auch mit aufgetauten, gemischten TK-Beeren.

Vanilleberg mit Erdbeeren
Simpel – für die Mädels

Zubereitungszeit: etwa 30 Minuten, ohne Abkühlzeit, für 6 Personen.

Kapitelregister

Mal was Suppiges

Leckeres aus Topf und Pfanne

Heißes aus dem Ofen

Pasta geht immer

Fish and more

Fleischlos glücklich

Let´s Wok

Für den kleinen Hunger

Sweets for my sweet

Alphabetisches Register

H/K

L/M/N

O/P

R/S/T

U/V

W/Z

FSC
www.fsc.org
MIX
Papier aus verantwortungsvollen Quellen
FSC® C012425

Verlagsgruppe Random House FSC-DEU-0100
Das für dieses Buch verwendete
FSC-zertifizierte Papier *Hello Fat Matt*
liefert Condat, Le Lardin Saint-Lazare, Frankreich.

Hinweis Für Fragen, Vorschläge oder Anregungen steht Ihnen der Verbraucherservice der Dr. Oetker Versuchsküche Telefon: 00800 71727374 Mo.–Fr. 8:00–18:00 Uhr, Sa. 9:00–15:00 Uhr (gebührenfrei in Deutschland) oder die Mitarbeiter des Dr. Oetker Verlages Telefon: +49 (0) 521 520658 Mo.–Fr. 9:00–15:00 Uhr zur Verfügung.

Copyright © 2010 by Dr. Oetker Verlag KG, Bielefeld
6. Auflage
Taschenbucherstausgabe 03/2010

Genehmigte Lizenzausgabe für den Wilhelm Heyne Verlag, München, in der Verlagsgruppe Random House GmbH.
www.heyne.de
Printed in Germany 2013

Redaktion Jasmin Gromzik, Miriam Krampitz

Innenfotos Thomas Diercks, Kai Boxhammer, Hamburg (S. 31, 45, 63, 91, 93, 99, 147)
Ulli Hartmann, Halle/Westf. (S. 23, 79, 125)
Bernd Lippert (S. 15)
Antje Plewinski, Berlin (S. 9, 11, 13, 17, 19, 21, 25, 27, 29, 33, 35, 37, 39, 41, 43, 47, 49, 51, 53, 55, 57, 59, 65, 67, 69, 71, 73, 75, 77, 81, 83, 87, 89, 95, 97, 101, 103, 105, 107,111, 113, 115, 117, 119, 121, 123, 127, 129, 131, 133, 135, 137, 139, 141, 143, 145, 149, 153, 155)
Hans-Joachim Schmidt, Hamburg (S. 61, 85)
Axel Struwe, Bielefeld (S. 109)
Norbert Toelle, Bielefeld (S. 151)

Grafisches Konzept kontur:design GmbH, Bielefeld
Umschlaggestaltung kontur:design GmbH, Bielefeld
Satz und Gestaltung M•D•H Haselhorst, Bielefeld

Druck und Bindung Offizin Andersen Nexö, Leipzig

Nachdruck, auch auszugsweise, nur mit unserer ausdrücklichen Genehmigung und mit Quellenangabe gestattet.

ISBN: 978-3-453-85565-6